广州地铁12号线工程

城市轨道交通复合地层下联络通道关键建造技术与应用

CHENGSHI GUIDAO JIAOTONG FUHE DICENG XIA
LIANLUO TONGDAO GUANJIAN JIANZAO JISHU YU YINGYONG

梅诗源　游关军　杨　钊　主编

人民交通出版社

北京

内 容 提 要

本书依托广州地铁12号线联络通道工程，系统阐述了注浆法、冻结法、盾构法3种工法在复合地层条件下联络通道建造过程中的应用，包括注浆加固、冻结加固、盾构机适应性设计等关键技术。

本书对于推动城市轨道交通联络通道设计和施工技术的发展具有一定的指导作用，可供城市轨道交通建设、设计、施工、监理等相关人员及高等院校相关专业师生学习参考。

图书在版编目(CIP)数据

城市轨道交通复合地层下联络通道关键建造技术与应用 / 梅诗源,游关军,杨钊主编. — 北京：人民交通出版社股份有限公司,2025.2. — ISBN 978-7-114-20238-4

Ⅰ.U459.1

中国国家版本馆 CIP 数据核字第 2025V4L347 号

书　名:	城市轨道交通复合地层下联络通道关键建造技术与应用
著　作　者:	梅诗源　游关军　杨　钊
责任编辑:	姚　旭
责任校对:	赵媛媛　魏佳宁
责任印制:	张　凯
出版发行:	人民交通出版社
地　　址:	(100011)北京市朝阳区安定门外外馆斜街3号
网　　址:	http://www.ccpcl.com.cn
销售电话:	(010)85285857
总　经　销:	人民交通出版社发行部
经　　销:	各地新华书店
印　　刷:	北京科印技术咨询服务有限公司数码印刷分部
开　　本:	787×1092　1/16
印　　张:	10.25
字　　数:	222千
版　　次:	2025年2月　第1版
印　　次:	2025年2月　第1次印刷
书　　号:	ISBN 978-7-114-20238-4
定　　价:	60.00元

(有印刷、装订质量问题的图书,由本社负责调换)

编写组成员

主 编

梅诗源　游关军　杨　钊

副 主 编

马　超　孙　恒　杨　杰

参 编 人 员

陈培帅	许　超	徐海江	姬付全	杨志勇	王新龙
余　俊	贺祖浩	康安师	任　梦	黄新淼	朱俊涛
杨　林	杨　睿	肖　靖	贺创波	宋相帅	温博为
曾德星	熊栋栋	钟　涵	张飞雷	陈英豪	成志勇
程凡伟	何　熊	后　羿	胡刻强	蒋道东	李　刚
李杰华	李　托	李贤贵	刘东军	刘嘉锐	刘　杰
刘翼豪	马建林	沈　侃	石章入	史玉飞	汪　晨
吴跃鹏	谢孟奇	杨中坤	姚兆龙	于小波	喻青儒
张　浩	张　虎	张　赟	钟　航		

前　言

21世纪是城市轨道交通行业发展的黄金时期,截至2023年底,我国已开通运营的城市轨道交通运营里程已突破1万km。城市轨道交通的普及不仅极大缓解了地面交通压力,也丰富了人们的出行方式,同时降低了城市的碳排放量,有助于打造更加环保的城市形象。

在城市轨道交通建设过程中,除了主线隧道外,还需要在两条城市轨道交通隧道之间每间隔一定距离设置一条横向的联络通道,这条联络通道可起到安全疏散、排水、防火及消防等作用。但由于联络通道的投入占比相对较少,且大多是在主线隧道贯通后修建,人们往往忽视其存在的风险因素而酿成严重的安全事故。笔者统计了近年来所发生的较为典型的联络通道事故案例,详见下表。其中,2003年发生在上海地铁4号线浦东南路至南浦大桥区间联络通道突水涌泥事故,引起地面大幅沉降,地面楼房倾斜倒塌,直接经济损失达1.5亿元,修复费用至少10亿元;2021年发生在杭州地铁4号线金家渡站至紫金港路站区间联络通道土方坍塌事故,造成1人死亡,直接经济损失159万元。这些案例无不在警示着人们要引起高度重视,确保联络通道施工安全可控。

国内部分联络通道事故统计表

序号	项目简称	地质条件	风险事件	事故原因
1	上海地铁4号线南浦区间联络通道	粉性土、粉砂	突水涌泥、地面塌陷、建筑物倾斜	冻结方案不合理,应急措施效果不佳
2	香港屯门隧道联络通道	较软的冲积层和全风化带	泥水喷涌进隧道	永久防水措施未完成时管片发生破裂
3	广州地铁5号线大西区间联络通道	淤泥质粉质黏土	地面塌陷	突发涌水,导致发生塌方
4	杭州地铁5号线宝建区间联络通道	粉性土、粉砂	路面坍塌、燃气泄漏、房屋变形	施工发生渗漏水,造成水土流失
5	上海复兴东路越江隧道联络通道	含承压水的砂性土	冻结管破裂	过度冻结等
6	杭州地铁4号线金紫区间联络通道	粉质黏土层	土方坍塌、人员伤亡	通道初次衬砌未形成时,上下人员交叉施工,坡顶施工人员密集
7	杭(州)海(宁)城铁余许区间联络通道	粉质黏土夹粉砂	掌子面塌方、人员伤亡	未预见的土体掉落
8	台湾高雄捷运联络通道	中密粉细砂	地面大面积塌陷	未提前地面注浆加固
9	南昌地铁1号线中子区间联络通道	淤泥质黏土、砂砾、中风化泥质粉砂岩	洞内涌水涌砂	地面旋喷加固不到位、持续性暴雨
10	西安地铁8号线开土区间联络通道	粉细砂、粗砂、中砂粉质黏土	涌水涌砂、地面塌陷、管道破损	—

目前,城市轨道交通联络通道修建以矿山法为主,加固方式因地层而异,在软土地层中主要采用冷冻加固方式,在较稳定的岩层中则主要采用注浆加固的方式。为了克服非机械法开挖存在的各种不足,近年来国内外均进行了机械法施工技术的探索与实践。当前,机械法施工根据所使用的机械类型不同可分为两大类,即顶管法和盾构法。2018年建成的宁波地铁3号线鄞南区间联络通道全长17m,是国内贯通的首条盾构法联络通道;2019年建成的无锡地铁3号线高周区间联络通道长8m,是国内首次采用顶管法施工技术修建的联络通道。机械法作为处于发展阶段的新工法,不断刷新着我国的智能建造水平。当前,可供建设方选择的联络通道建造工法大致分为注浆法、冻结法、机械法这3类,每类工法均有其优缺点和适用范围,对于单一地层相对比较容易区分及选择,而对于像华南片区这类以复合地层为主的隧道内,具体应该以哪类工法作为主导,每类工法在复合地层的适应性以及注意事项等,目前尚未有过系统的阐述和说明。

本书依托广州地铁12号线联络通道工程,系统阐述了注浆法、冻结法和机械法在复合地层条件下联络通道建造过程中的应用。本书是一线技术人员将理论与实践相结合的产物,以勘察设计资料、施工技术资料、装备研制资料、科研成果资料等为基础,剖析广州地铁12号线联络通道在建造过程中运用以上3种工法的重难点问题,总结城市轨道交通复合地层条件下联络通道建造关键技术与应用。

全书共5章。第1章研究背景及意义,介绍了3类工法研究现状以及依托工程概况;第2章联络通道断面及结构形式,介绍了3种工法在依托工程中的选取过程以及联络通道的结构设计计算过程;第3章注浆法加固联络通道建造技术,介绍了在强风化混合花岗岩地层中注浆法加固施工关键技术;第4章冻结法联络通道建造关键技术,介绍了冻结设计、冻结加固、冻结监测等内容;第5章盾构法联络通道建造关键技术,介绍了盾构机适应性设计、管片设计、始发、掘进及接收关键技术等内容。

本书可以作为复合地层联络通道施工关键技术比选的参考书,也可供建设、设计、施工、监理等相关方面的人员学习和高等院校相关专业的师生参考。

由于编者能力水平有限,书中难免存在疏漏和错误,恳请专家与读者批评指正!

作 者

2024年7月

目 录

1 研究背景及意义 ··· 1
　1.1 研究背景 ··· 1
　1.2 国内外研究现状 ·· 2
　1.3 本书研究工程概况 ··· 7

2 联络通道断面及结构形式 ·· 18
　2.1 概述 ·· 18
　2.2 联络通道工艺工法选择 ··· 20
　2.3 联络通道影响范围内正线隧道结构选择 ··· 20
　2.4 联络通道结构计算分析 ··· 21
　2.5 本章小结 ·· 35

3 注浆法加固联络通道建造技术 ··· 36
　3.1 概述 ·· 36
　3.2 联络通道概况 ··· 36
　3.3 联络通道设计 ··· 39
　3.4 地层加固 ·· 46
　3.5 联络通道开挖与构筑施工 ·· 54
　3.6 矿山法联络通道施工监测 ·· 75
　3.7 本章小结 ·· 83

4 冻结法联络通道建造关键技术 ··· 85
　4.1 概述 ·· 85
　4.2 地层冻结设计 ··· 85
　4.3 冻结施工 ·· 98
　4.4 联络通道开挖与构筑施工 ··· 106
　4.5 冻结法联络通道施工监测 ··· 109
　4.6 本章小结 ·· 116

5 盾构法联络通道建造关键技术 ··· 117
5.1 概述 ·· 117
5.2 盾构机适应性设计 ·· 117
5.3 盾构机系统配置 ·· 127
5.4 主线隧道占联络通道玻璃纤维筋混凝土-钢复合管片施工技术 ·········· 131
5.5 盾构法联络通道始发及加固 ·· 134
5.6 盾构法联通通道掘进关键技术 ·· 141
5.7 盾构法联络通道接收及洞门关键技术 ··· 145
5.8 盾构法联络通道掘进施工监测 ·· 147
5.9 本章小结 ·· 153

参考文献 ·· 154

1 研究背景及意义

1.1 研究背景

近年来,随着我国城市化进程的不断推进,城市轨道交通行业迎来了发展的黄金时期。截至2023年底,我国已开通城市轨道交通运营线路的城市有55个,运营总里程约10165.7km。2023年,我国城市轨道交通全年累计完成客运量293.9亿人次。

地铁作为现代化城市轨道交通的主要工具,在城市中承担着越来越重要的大客流运输任务。虽然地铁结构对来自外部的灾害防御能力较好,但对来自内部的灾害抵御能力较差。在地下狭小的空间里,人员和设备密集,一旦发生灾害,救援与疏散十分困难。从世界地铁100多年的发展历史看,地铁灾害中发生频率最高、造成损失最大的是火灾。我国先后出台了多部规范和标准,明确了地铁隧道的防火与疏散要求。按照《地铁设计规范》(GB 50157—2013)中第28.2.4条第2款所述,"两条单线区间隧道应设联络通道,相邻两个联络通道之间的距离不应大于600m,联络通道内应设并列反向开启的甲级防火门,门扇的开启不得侵入限界"。

联络通道,顾名思义,是一个连接两个或多个不同地点或设施的通道。其施工往往是在主隧道施工完成后进行,联络通道与主隧道形成的交叉结构易产生应力集中现象,使得联络通道在建设过程中存在涌水、突泥、塌方等施工风险。目前,传统地铁联络通道的修建以矿山法开挖为主,并辅以注浆法或冻结法提前加固地层。注浆法常采用二重管无收缩双液注浆(WSS)并辅以超前小导管注浆来稳固地层,隔断前方地下水,主要适用于全(强)风化岩层中,但对于富水较大的地层中,受到地层和注浆人员水平等外界因素影响较大,注浆加固存在诸多不确定性因素,导致注浆加固的风险程度较高。但其优点是成本相对较低,且工期相对较短。冻结法即通过埋设在土中的冻结管输送冷量,使水分冰冻而形成冻土帷幕,可以起到加固地层、保障安全的作用。然而,冻结法对地层含水量、地下水流速等有一定要求,且存在施工准备期长、经济成本高的问题。除此之外,比起正线隧道全机械化施工的盾构管片衬砌,矿山法联络通道的初期支护喷锚、二次衬砌浇筑在人工施作过程中难免会存在一些质量隐患,使得联络通道成为地铁隧道结构中相对薄弱的部位。

得益于国内基础建设的大力发展,经过多年努力,我国隧道掘进机行业先后经历了学习、借鉴和创新跨越等阶段,并朝着机械化、自动化、智能化的方向快速发展。通过对机械装备和土建结构进行空间集约化设计,小直径的隧道施工专用掘进机在市政管网建设中得到了广泛应用,小直径隧道施工专用机械装备能够在占地面积小、环境影响小的前提下实现管道一次性横向穿越贯通,可以有效解决管道口径对管道铺设施工的限制,并逐步开始应用于地铁联络通道施工中。所谓机械法开挖联络通道，就是指在地层微加固的情况下，在正线隧道中拼装小型隧道掘进机，用刀盘直接切削正线隧道衬砌，破除衬砌之后继续掘进开挖，直至与相邻隧道贯通，实现联络通道的一次掘进成型。掘进机主要包括盾构机和顶管机，均采用刀盘掘削前进的形式。机械法施工联络通道具有效率高、成本低、质量好的优势，国外已有一些应用成功的工程案例，如德国汉堡第四易北河救援通道、墨西哥首都污水隧道联络通道、日本大阪御筋堂综合管廊等，都通过引入机械法大幅提升了掘进效率。国内同样处于积极探索阶段，机械法施工地铁联络通道在上海、香港、南京、杭州、福州、无锡、宁波等城市的地铁工程中得到应用，提高了我国隧道的智能建造水平。

综上所述，目前联络通道的施工工艺主要包含两大类，即矿山法和机械法。其中矿山法按照加固方式不同又可分为注浆法和冻结法。鉴于目前不同城市所包含的特殊水文地质环境，以及不同城市既有的基础设施建设经验等，对某一特定地区采用不同工艺进行联络通道施工的横向对比分析研究很有必要。通过该项研究也可以对某一特定地区的联络通道全产业链进行纵向深入分析，研究成果具有显著的经济和社会价值，同时具有很好的示范作用和推广意义。

1.2 国内外研究现状

1.2.1 注浆法联络通道施工研究现状

地铁联络通道施工一般采用竖井开挖或隧道内开孔暗挖的方法，在软土地层施工中，无论采用哪种方法，开挖前都必须对开挖面土体进行加固。当前在地下岩土工程建设中，为改善土体的力学性能和渗透性能，应用最广泛的便是注浆加固技术。由于联络通道的体量相较于隧道主体来说相对较小，因此在非富水砂层的地质条件下，优先采用的注浆法。全断面注浆与超前小导管相结合的注浆工艺能应用于非富水砂层的所有软弱地层，弥补冻结法的缺陷。全断面注浆是指在隧道开挖断面上布孔，通过注浆形成止水帷幕，有效解决地下水对矿山法进行通道结构施工的危害。采用小导管超前注浆进行土体加固施工，可以确保开挖断面周边土体稳定，减少地层沉降，确保施工安全。

注浆法联络通道施工可近似于在城市隧道及地下工程施工中常用的浅埋暗挖法，即指在软弱围岩地层中，以改造地质条件为前提，以控制地表沉降为重点，以格栅和锚喷混凝土作为初期支护手段，遵循"新奥法"理论，按照"十八字"方针（管超前、严注浆、短开挖、强支护、快封闭、勤量测）进行隧道的设计和施工。我国工程院院士王梦恕等于20世纪80年代试验浅埋暗挖法，取得了成功。浅埋暗挖法于1986年成功应用于北京地铁复兴门站折返线工程，随后又在国内几个重点工程中得到应用。2005年，王梦恕院士出版了专著《地下工程浅埋暗挖技术通论》，该著作对浅埋暗挖法的原理、施工工艺等进行了全面系统的阐述。经过几十年的发展，浅埋暗挖法已在我国公路、铁路、地铁、电力隧道、地下综合管廊等领域得到广泛应用。

国内外学者针对暗挖联络通道注浆加固技术进行了较为系统的研究。夏梦然等采用室内试验、理论分析和数值模拟的方法，对隧道进行了注浆加固试验和开挖工法的优选，提出了一套适用于浅埋富水砂层横通道的注浆加固工艺和开挖工法；Brantberger 等从隧道注浆的角度进行了分析，提出了归一化压力和归一化灌浆扩散的概念，该概念同时可以控制灌浆散布距离和液压上浮的风险，通过对现场数据的计算讨论了已开发理论的潜在用途；Aggelis 等从时域特征、频谱内容和小波变换结合的使用揭示了预注浆加固的有效性。孙文智以北京地铁大兴机场线 1 期工程 5 号暗挖联络通道为例，从注浆材料角度入手，在施工过程中采用超细水泥、水泥、水玻璃等化学浆液置换土体进行加固，同时在不同地段采取复合注浆的方式，使得富水粉细砂层暗挖联络通道注浆止水取得了较好的控制效果。徐赟以昆明地铁 4 号线金桂街站—梅子村站盾构区间联络通道为例，主要对二重管无收缩双液浆（WSS）工法进行二次洞内斜向注浆加固工艺进行研究，并取得了较好的效果。余志勇提出的全断面注浆加固土体+洞内超前小导管注浆方法，能较好地适应各种非富水砂层的地层，且所需设备少、操作方便灵活、工期快、安全可靠，是软弱地层中如联络通道等小断面、小体量暗挖工程首选的施工方案。

1.2.2 冻结法联络通道施工研究现状

人类历史上第一次采用冻结法施工是在 19 世纪初期，俄国人利用天然冻结层在西伯利亚开凿立井进行采金。1862 年，英国南威尔士在建筑基础施工中使用人工制冷的方法加固土壤。1880 年，德国工程师 F.H.Poetsch 在德国阿尔巴里得煤矿采用冻结法成功开凿了深度为 103m 的井筒，正式提出关于人工冻结法的原理，并于 1883 年获冻结法凿井技术专利。1928 年，人工冻结法开始在苏联的地下工程施工中采用，苏联工程师 CoIHKaM 采用人工地层冻结法进行凿井施工。在 20 世纪 60 年代，由于钢铁工业的发展，制氧过程得到了大量的副产品液氮，液氮在一个标准大气压下的蒸发温度为 -196℃。因此，一种廉价、低温、快速冻结技术——液氮冻结技术得到了迅速发展。现在，美国和意大利将液氮作为积极冻结，传统的氨循环冻结作为消极冻结，构成混合冻结系统，以达到快速和经济的施工效果，目前大量使用的仍是氨循环制冷技术。1966 年，英国首次采用液氮冻结在竖井中穿越了 3.7m 含水砾石层。从此，人工冻结法这一有效的地下工程施工方法在世界各国得到广泛应用。

1886 年，瑞典的工程师开始将人工冻结法应用在城市地铁隧道工程中，成功地建造了长 24m 的人行隧道。在此后的一个多世纪里，人工冻结法在德国、美国、法国、荷兰、苏联、日本等国家的煤矿、隧道、地铁和建筑基础等领域中得到不断应用和发展。人工冻结法在土木工程建设中的应用范围和规模也日益扩大。

1906 年，法国采用人工冻结法成功地修建了巴黎某条横穿河底的地铁工程，为其他类似工程提供了很有价值的参考和设计依据。1933 年，莫斯科地铁 1 号线成功采用人工地层盐水冻结法修建 3 个地铁车站的扶梯隧道。1962 年，日本也开始在地铁隧道工程中应用冻结法。1968 年，英国的上水道管渠隧道工程中采用冻结法。1973 年，美国的湖底取水竖井安装工程采用冻结法。1974年，苏联列宁格勒地铁1号线穿越地下河修复工程采用液氮冻结法施工。1991年，在西班牙巴伦西亚地铁建设中，钻凿在地下水位以下进行，同时使用了几种支护处理方法，结果表明，传统的支护方法都不能令人满意，而冻结方法灵活、方便，能有效地避免涌水。日本名古屋市在建造地下输电隧道时，需垂直连接两个不同直径的隧道，于是在连接处应用了人工冻结法。

我国自首次采用将冻结法用于煤矿开挖工程以来，也有近70年的历史。我国于1955年在开滦林西风井开始使用冻结法凿井，井筒净直径5m，冻结深度105m。此后，冻结法凿井技术逐渐推广到东北、华北、华东、中南地区。至1990年，冻结凿井数目约300个，累计冻结井筒深度达50km，最大冻结深度达435m。我国已是世界上用冻结法凿井穿过表土层最厚的国家之一。

20世纪90年代前，我国除凿井外，其他人工冻结工程实例较少。1979年，我国首次成功进行液氮地层冻结试验，液氮地层冻结技术现已成为软土及不稳定含水地层加固和隔水的有效施工方法。20世纪90年代以来，随着我国地铁建设的快速发展，上海、北京、深圳、南京等大城市陆续采用冻结法施工工艺进行地铁工程的施工建设。1998年，北京地铁建设工程首次使用了人工冻结技术，即在北京地铁国贸站南隧道进行的45m水平冻结加固施工。该工程的成功，标志我国城市地下工程地层冻结施工技术进入一个新阶段。1998年，上海地铁2号线5个区间联络通道中有4个采用冻结法施工。2000年，广州地铁2号线纪念堂—越秀公园区间过清泉街断层采用水平冻结技术，隧道长64m，施工取得成功，之后南京、深圳等地的地铁旁通道也相继使用了地层冻结工法。现今随着我国地下工程施工技术的发展，深基础和其他地下市政工程的不断涌现，冻结法围护结构以其独特的优势而越来越受到重视，地层冻结技术已经全面进入我国城市地下工程领域。

经过上百年的发展，冻结法这种施工技术积累了大量的工程实践经验并且具有成熟的理论研究基础，是一种非常有效的土层加固方法，在地下工程、桥梁、施工事故处理、管道施工以及军事工程等都有广泛的应用。冻结法技术的优点是：无须疏散交通，加固效果好，技术成熟，施工风险很小，冻结后的土层因为有较强的隔水性，能够有效处理涌水、流沙等难题，且能加固土层，适用于淤泥等不稳定地质条件；但同时也存在不足之处，如后期土壤会出现冻融沉降，将导致联络通道的沉降和主隧道的变形。冻结法主要存在的问题如下：

(1)安全性：冻结效果难以监测，易发生事故。由于其加固体的隐蔽特性，无法直接进行观测，只能通过温度的监测进行间接的冻结效果判断，很难判断准确。因此，无论在煤矿还是地铁建设中，因冷冻效果未达到设计要求，造成开挖过程中渗漏水甚至坍塌引起的重大安全事故较为常见。

(2)质量隐患：冻结法施工会对环境造成扰动，其中最为显著的问题就是会造成冻结段的长期不均匀沉降。在冻土溶解的过程中，土层会进行二次固结，这是一个漫长的过程，同时伴随着难以预测的沉降。尤其是在宁波的软土地层中，根据华东软土地层中的统计数据，冻结造成的地层沉降往往会持续5~10年，最大沉降达到十几到几十厘米；在高速铁路建设中，冻土是一种病害和一个技术难题,至今仍未完全攻克。

(3)工期长:冻结周期长,开挖周期长,严重制约建设工期。冻结法存在施工工期长、影响工期的问题。正常的联络通道(不含泵房),需要近110个工作日进行施工,待隧道沉降相对稳定后,方可进入下一道施工工序。由于施工空间小,运距长,整个工期的制约因素很多,包括冻结质量、开挖效率、队伍水平等,一旦出现问题,会带来返工等问题,工期风险巨大。

(4)其他问题:冷冻液为高浓度盐水,会对环境造成污染;大量冻结孔钻孔,破坏管片结构及内部钢筋,对管片有明显的削弱,且会造成渗漏水,影响耐久性;施工成本高;作业空间狭小,开挖环境差,影响作业人员身体健康。

1.2.3 机械法联络通道施工研究现状

为了克服非机械法施工存在的诸多不足,近年来国内外均进行了机械法施工技术的探索与实践。经调研,根据使用的机械类型不同,机械法可分为两大类,即顶管法和盾构法,随着社会的发展,以后还可能出现智能掘进机法。但总体来说,应用较多的为顶管法,主要原因是顶管法施工所需施工空间较小,可满足主隧道空间狭小的要求,施工功效较好。但既有顶管法施工案例都集中在较好地层中,还需对洞口土体进行加固,使土体具备一定的自稳性,便于拆除联络通道处洞门预制管片,然后进行顶管掘进,施工加固费用较高,对工期也存在一定的影响。盾构法施工主要在香港屯门至赤鱲角连接线工程中进行了应用,该处主隧道外径13.95m,联络通道外径3m,20d左右即可完成总长14m左右的联络通道施工。

国内外针对机械法施工技术进行了研究和实践,以顶管法为主流。表1-1为国内外相关工程案例。

国内外相关工程案例　　　　表1-1

施工方法	顶管法					盾构法
工程案例	德国汉堡第四易北河救援通道	墨西哥Emisor Oriente污水隧道联络通道	上海地铁2号线陆家嘴至东昌路区间	南京地铁1号线珠江路站—新街口站	日本大阪御筋堂综合管廊	香港屯门至赤鱲角连接线联络通道
穿越地层	云母、砂、淤泥、黏土、泥灰	砂、黏土	灰色黏土、灰色粉质黏土	粉质黏土	砂、黏土	花岗岩、沉积岩、砂砾岩
加固情况	—	进出洞口、后座衬砌外侧土体注浆加固	顶管出洞口、后顶进衬砌环外侧土体注浆加固	—	—	未加固
工效	—	11d完成103m	—	14d完成12.76m	—	20d完成14m

综上,目前的机械法施工,相比非机械法施工,可在一定程度上缩短施工工期,同时无须进行大面积的加固,可降低加固成本,并消除冻结加固冻融引起的结构损害及环境影响。

机械法联络通道技术具有安全性高、节约工期、质量好、成本低等优势。相比较传统冷冻工法,机械法联络通道用盾构机/顶管机取代暗挖法,省略了土层冻结过程,极大提高了施工效率。同时掘进过程全程采用套筒密封,实现了施工过程全封闭,也提高了施工安全性。该工法2018年在宁波地铁3号线首次应用后得到业界广泛认可与推广,截至2021年已在全国47条地铁中应用。以宁波地铁4号线为例,其整个线路21座联络通道中有16座均采用机械法施工,其中4座采用盾构法、12座采用顶管法施工。同时,由于受工期、地面交通条件、机械设备数量制约,5座原预留机械法施工的联络通道采用了冻结法施工,具体见表1-2。

宁波轨道交通4号线21座联络通道基本情况　　表1-2

编号	位置	工法	H(m)	l(m)	穿越土层
1	庄桥火车站—丽江路站	盾构法	18.70	12.440	淤泥质粉质黏土
2	庄桥火车站—丽江路站	盾构法	14.15	11.349	粉质黏土、粉砂
3	丽江路站—双东路站	顶管法	21.35	12.055	淤泥质粉质黏土、黏土
4	丽江路站—双东路站	顶管法	16.35	11.703	淤泥质粉质黏土、黏土
5	柳西站—宁波火车站	冻结法	24.80	14.376	粉质黏土、粉土
6	宁波火车站—兴宁桥西站	顶管法	28.40	12.000	粉质黏土
7	兴宁桥西站—兴宁桥东站	顶管法	21.10	12.000	粉质黏土、粉土
8	兴宁桥东站—白鹤站	盾构法	14.58	16.940	淤泥质黏土、粉质黏土
9	白鹤站—儿童公园站	顶管法	18.90	12.000	淤泥质粉质黏土
10	矮柳站—潘火路站	冻结法	26.80	10.790	粉质黏土
11	矮柳站—潘火路站	冻结法	29.60	12.620	粉质黏土、粉土
12	潘火路站—嵩江东路站	顶管法	24.43	12.083	淤泥质粉质黏土
13	潘火路站—嵩江东路站	顶管法	27.76	12.008	淤泥质粉质黏土
14	嵩江东路站—南高教园区站	顶管法	20.80	14.000	淤泥质粉质黏土
15	南高教园区站—金达南路站	顶管法	20.72	13.962	黏质粉土、粉质黏土
16	南高教园区站—金达南路站	顶管法	13.64	12.012	粉质黏土
17	金达南路站—小洋江站	顶管法	17.31	12.074	粉质黏土、淤泥质黏土
18	金达南路站—小洋江站	顶管法	20.71	12.082	淤泥质黏土
19	金达南路站—小洋江站	盾构法	18.14	16.368	淤泥质粉质黏土
20	小洋江站—东钱湖站	冻结法	22.41	13.462	淤泥质粉质黏土
21	小洋江站—东钱湖站	冻结法	14.16	12.000	淤泥质黏土

注:H-联络通道中心埋深;l-联络通道两主隧道中心距离。

作为处于发展阶段的新工法,机械法联络通道可借鉴的工程案例并不多,其存在的不足和改进之处主要如下:

(1)联络通道与主隧道结构交叉处为一空间曲面,结构刚度不同、变形协调不一致,且长期承受列车振动荷载,受力特性复杂,为整个体系的薄弱环节。此处易存在填充不密实产生

1 研究背景及意义

空腔或渗水通道等情况,从而造成结合部位产生渗漏水病害;同时结合部位受主隧道列车振动等多个力的影响,有可能产生连接钢板脱焊剥离等病害。

(2)由于联络通道施工作业空间小,施工用设备没有空间加入同步注浆设备,需要通过人工壁后注浆及时填充管片和土层之间的间隙,壁后注浆较同步注浆会有一定的时间延后,人工壁后注浆的稳定性不可控因素较多,容易对主隧道整体结构以及地层的隆沉产生一定的影响。

(3)机械法联络通道内部全为管片拼装,无法设立泵房,只能通过区间道床底部设置小的积水坑。且因深度较浅,一般单条区间仅安装4~5个0.75kW的小型水泵(其中一台为备用水泵),无法达到联络通道区间泵房内15kW大水泵(一般联络通道泵房设置两个水泵,一主一备)的快速排水效果,且因水泵功率小,需长期启动,易对水泵使用寿命造成影响。

1.3 本书研究工程概况

本书研究工程项目包含赤沙滘站—仓头站—官洲站—大学城北站的3个区间的共计6个联络通道,每个区间设置2个联络通道。

1.3.1 赤沙滘站—仓头站区间联络通道

1号联络通道中心里程为YDK40+661.365(ZDK40+626.136),联络通道长度为28.73m,埋深约13.38m,盾构从左线隧道始发,在右线隧道内接收,主要穿越主要地层有:<7-3>强风化细砂岩、泥质粉砂岩、<8-3>中风化细砂岩、泥质粉砂岩,平面位置见图1-1。

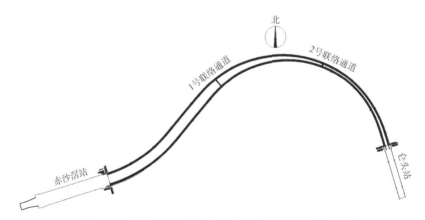

图1-1 赤沙滘站—仓头站区间1号、2号联络通道平面示意图

1号联络通道周边建(构)筑物主要为广佛环线城际铁路,联络通道位于湿地内,无道路及地下管线。广佛环线城际铁路右线与联络通道的竖向净距约为19.23m,平面距离为5.84m,处于全断面<8-3>地层。左线与联络通道的竖向净距约为19.42m,平面距离为38.34m,处于上部<7-3>、下部<9-3>地层,对联络通道施工影响较小,见图1-2、图1-3。

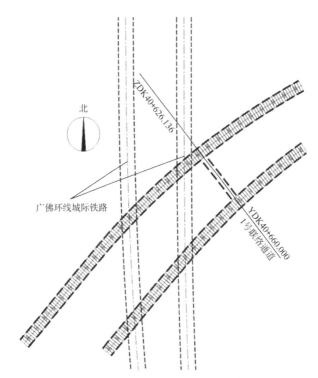

图1-2 广佛环线城际铁路与1号联络通道隧道平面关系图

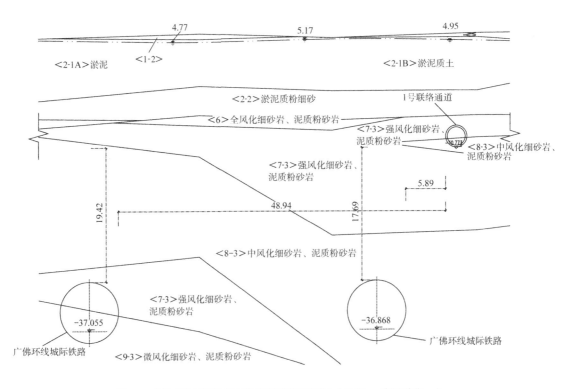

图1-3 广佛环线城际铁路与隧道剖面关系图(尺寸单位:m;高程单位:m)

2号联络通道长度为6.4m(中心线距离为12.81m),埋深为17.99m,与广州市维丰活塞环厂最小水平净距约0.76m,与乐天智谷建筑群最小水平净距约19.60m,附近无重要市政管线,联络通道中间设置泵房。上覆地层自上而下依次为<1-1>杂填土、<2-1A>淤泥、<2-2>淤泥质粉细砂、<6>全风化泥质粉砂岩,<7-3>强风化细砂岩、泥质粉砂岩。2号联络通道开挖范围地层主要为<8-3>中风化细砂岩、泥质粉砂岩,局部有少量<7-3>强风化细砂岩、泥质粉砂岩侵入开挖断面,见图1-4、图1-5。

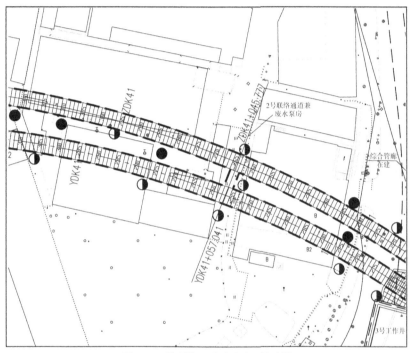

图1-4 2号联络通道隧道平面关系图

1.3.2 仑头站—官洲站区间联络通道

1号联络通道净高3.15m,净宽2.9m,净长7.138m,此处不设置污水泵房,中心里程为YDK42+440.461,通道位于2.95%上坡位置。1号联络通道覆土厚度为13.05m,地层从上至下为<1-2>素填土、<6Z>混合花岗岩全风化、<7Z-A>混合花岗岩强风化、<7Z-B>混合花岗岩强风化、<9Z>混合花岗岩微风化。洞身主要位于<7Z-A>混合花岗岩强风化处。

1号联络通道施工影响范围内的建(构)筑物主要为仑头村仑头小学。区间联络通道施工影响范围内无重要管线,见图1-6和图1-7。

2号联络通道中心里程为YDK43+029.996、ZDK43036.544。位于区间隧道最低点位置,覆土厚度26.34m,洞身主要位于<2-1B>淤泥质土、<2-3>淤泥质中粗砂以及<7Z-A>混合花岗岩强风化层中,泵房整体位于<7Z-A>混合花岗岩强风化层中。初期支护由350mm厚、C25、P6喷射早强混凝土、格栅钢架、钢筋网组成;二次衬砌采用350mm厚、C35、P12模筑钢筋混凝土结构,见图1-8、图1-9。

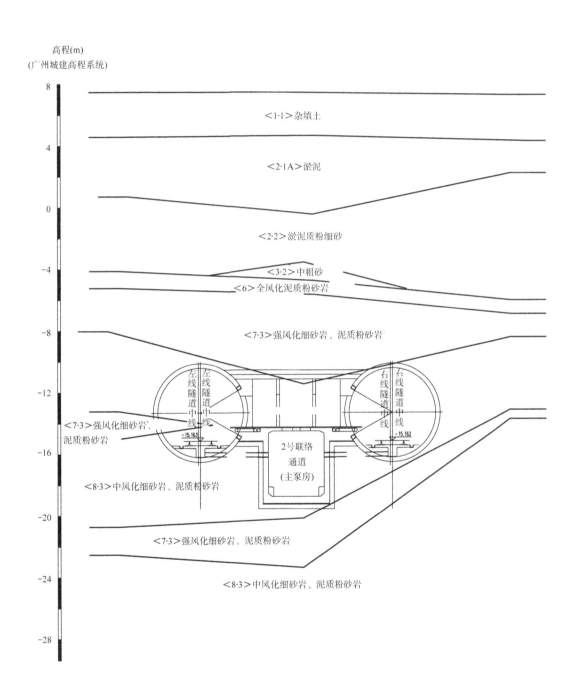

图1-5 2号联络通道隧道地质断面图(高程单位:m)

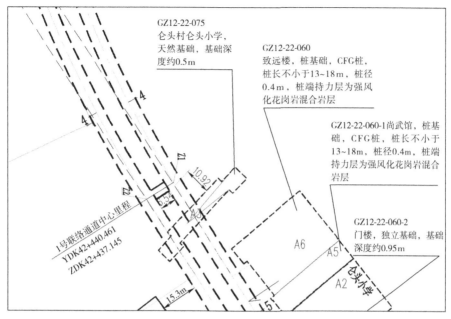

图1-6 1号联络通道隧道平面关系图

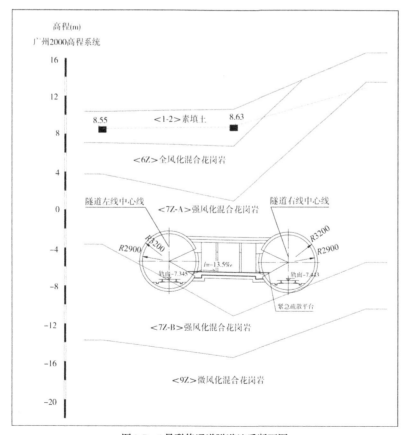

图1-7 1号联络通道隧道地质断面图

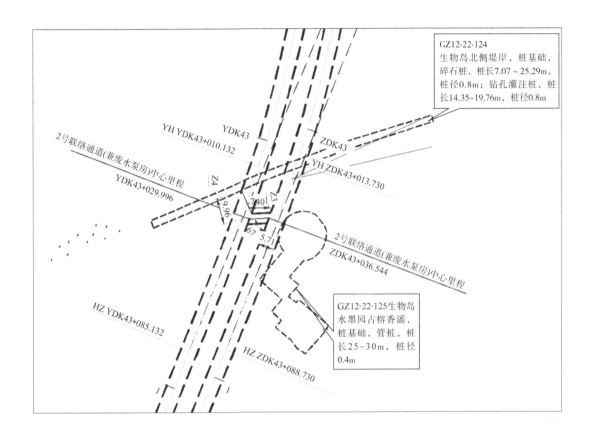

图1-8 仓头站—官洲站区间2号联络通道示意图

2号联络通道施工影响范围内的建(构)筑物主要为生物岛北堤岸、生物岛水墨园古榕香谣,见图1-10、图1-11。

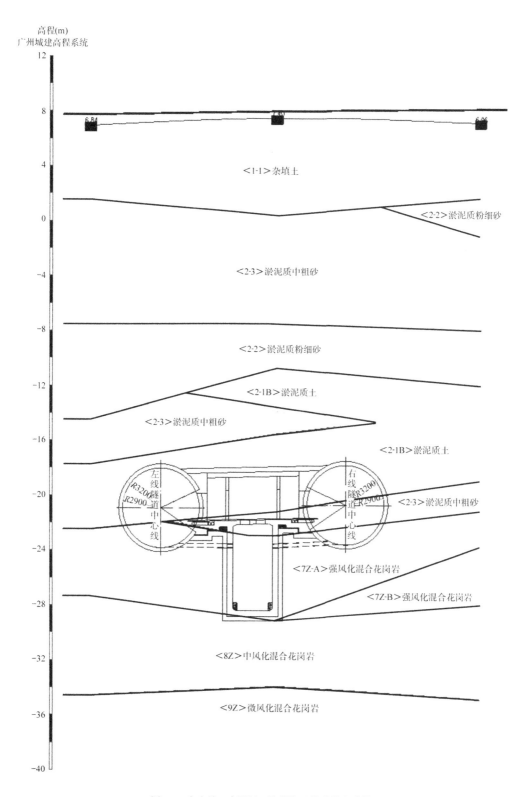

图1-9 仓头站—官洲站2号联络通道隧道地质断面图

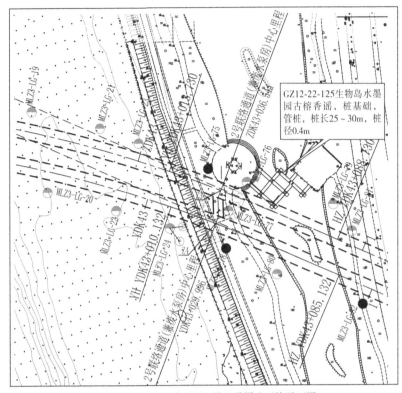

图1-10 仑头站—官洲站2号通道周边环境平面图

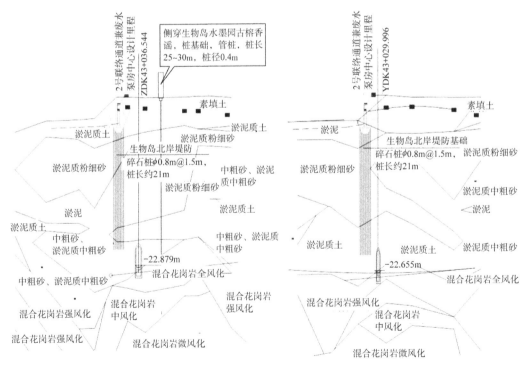

图1-11 仑头站—官洲站2号通道与堤坝关系纵断面图

1.3.3 官洲站—大学城北站区间联络通道

1号联络通道兼废水泵房,埋深约27.1m,长度约为7.2m,距离官洲河河底约85m,中心里程YDK44+077.350(ZDK44+062.35),见图1-12。

图1-12 官洲站—大学城北站区间联络通道平面位置图

1号联络通道开挖范围地层主要为<7Z-A>半土半岩状强风化混合花岗岩、<7Z-B>碎块状强风化混合花岗岩,见图1-13。

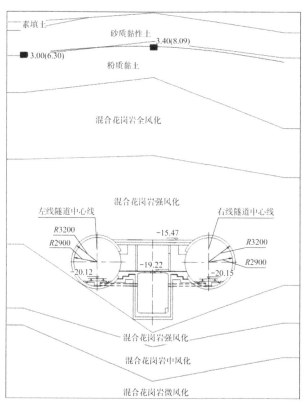

图1-13 官洲站—大学城北站区间1号联络通道平面位置图(尺寸单位:mm;高程单位:m)

1号联络通道位于官洲生物岛内,地面为未开发的荒地,距离最近的为废弃民房,距离约为19m,其余距离均较大,见图1-14。

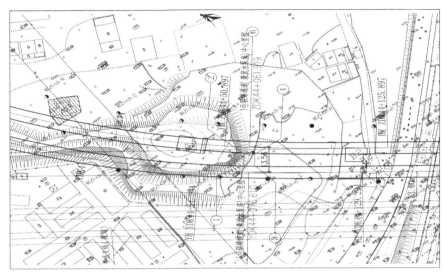

图1-14 官洲站—大学城北站区间1号联络通道周边环境位置关系图

2号联络通道的中心里程为YDK44+378.85(ZDK44+377.823),不设置污水泵房,联络通道埋深约22.3m,长度约6.6m,距离官洲河岸约30m,开挖范围地层主要为<7Z-B>碎块状强风化混合花岗岩、<8Z>中风化混合花岗岩、<9Z>微风化混合花岗岩,见图1-15。

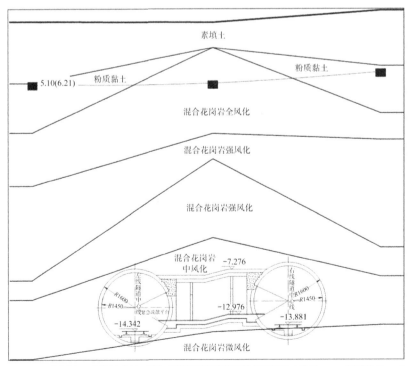

图1-15 官洲站—大学城北站区间2号联络通道平面位置图(尺寸单位:mm;高程单位:m)

2号联络通道位于官洲河岸附近,距离官洲河岸最近距离约30m,距离外环西路距离约29m,见图1-16。

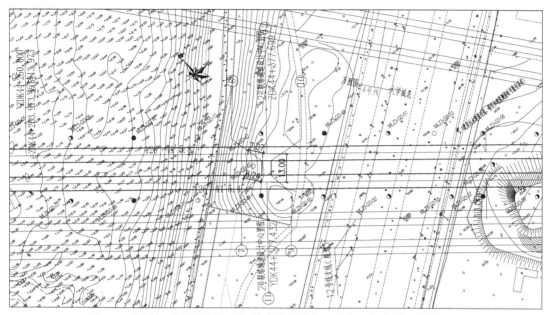

图1-16 官洲站—大学城北站区间2号联络通道周边环境位置关系图(尺寸单位:m)

2 联络通道断面及结构形式

2.1 概述

根据广州地铁 12 号线的联络通道工程概况,将地质,水文,周边环境等信息汇总于表 2-1。

区间联络通道设计概况汇总表

表 2-1

项目	赤沙滘站—仑头站区间1号联络通道	赤沙滘站—仑头站区间2号联络通道	仑头站—官洲站区间1号联络通道	仑头站—官洲站区间2号联络通道	官洲站—大学城北站区间1号联络通道	官洲站—大学城北站区间2号联络通道
线间距(m)	35.05	12.81	12.94	13.23	13.6	13.6
通道覆土深度(m)	13.38	17.99	13.05	26.34	27.1	22.3
结构范围地层	<3-2>中粗砂、<6>全风化细砂岩、泥质粉砂岩	<8-3>中风化细砂岩,局部有少量<7-3>强风化细砂岩、泥质粉砂岩侵入开挖断面	<7Z-A>强风化混合花岗岩,<7Z-B>强风化混合花岗岩	<2-1B>淤泥质土,<2-3>淤泥质中粗砂以及<7Z-A>混合花岗岩强风化层,泵房整体位于<7Z-A>混合花岗岩强风化层	<7Z-A>半土半岩状强风化混合花岗岩,局部<7Z-B>碎块状强风化混合花岗岩	<8Z>中风化混合花岗岩,<9Z>微风化混合花岗岩

续上表

项目	赤沙滘站—仓头站区间1号联络通道	赤沙滘站—仓头站区间2号联络通道	仓头站—官洲站区间1号联络通道	仓头站—官洲站区间2号联络通道	官洲站—大学城北站区间1号联络通道	官洲站—大学城北站区间2号联络通道
是否设置泵房	否	是	否	是	是	否
周边环境[建(构)筑物及其他]	1.联络通道位于湿地内,无道路及地下管线。2.广佛环线城际铁路右线与联络通道的竖向净距离约为19.23m,平面距离约5.84m,处于全断面<8-3>地层。左线与联络通道的竖向净距约为38.34m,平面距约19.42m,处于上部<7-3>下部<9-3>地层,对联络通道施工影响较小	与广州市维丰活塞环厂最小水平净距0.76m,与乐天智仓建筑群最小水平净距19.60m,附近无重要市政管线、河道水体等	1.施工影响范围内无重要管线。2.距仓头小学水平距离10.9m,竖向距离12.55m	1.施工影响范围内无重要管线。2.距仓头海及其河堤9.1m,桩基础19.76m	1.地面为未开发的荒地,距离最近的为民房,距离约为19m。2.距离官洲河底约85m	1.与官洲河岸最近距离约30m。2.与外环西路距离约29m

2.2 联络通道工艺工法选择

(1)注浆加固+矿山法联络通道:由于联络通道的体量相较于隧道主体来说较小,因此在非富水砂层的地质条件下,优先采用注浆法,全断面注浆+超前小导管相结合的注浆工艺能应用于非富水砂层的所有软弱地层,整体工艺成熟。一般选用水平注浆,浆液选用双液浆、单液浆、WSS等,在地面环境条件可行情况下,在主隧道施工前对联络通道位置进行垂直加固,可选用搅拌桩、高压旋喷桩等。

(2)冷冻加固+矿山法联络通道:加固效果好,技术成熟,施工风险很小,冻结后的土层因为有较强的隔水性,能够有效处理涌水等难题,且能加固土层,适用于淤泥等不稳定地质条件。但同时也存在不足之处,即后期土壤会出现冻融沉降,将导致联络通道沉降和主隧道变形,冷冻及解冻施工周期时间长。

(3)机械法施工相比非机械法施工,可在一定程度上缩短施工工期,同时无须进行大面积的加固,可降低加固成本,并消除冻结加固冻融引起的结构损害及环境影响。相比较传统冷冻工法,机械法联络通道用盾构机/顶管机取代暗挖法,省略了土层冻结过程,极大提高了施工效率,同时掘进过程全程采用套筒密封,实现了施工过程全封闭,也提高了施工安全性。

综合联络通道的线间距、地层水文情况、隧道结构形式、周边环境、施工成本(含隐形经济成本)等因素,将本工程项目联络通道的施工方法汇总于表2-2。

区间联络通道施工工艺汇总表　　　　表2-2

项目名称	赤沙滘站—仓头站区间1号联络通道	赤沙滘站—仓头站区间2号联络通道	仓头站—官洲站区间1号联络通道	仓头站—官洲站区间2号联络通道	官洲站—大学城北站区间1号联络通道	官洲站—大学城北站区间2号联络通道
施工方法	机械法(盾构法)	水平注浆+矿山法	水平冷冻+矿山法	水平冷冻+矿山法	水平注浆+矿山法	水平注浆+矿山法

在确定了各区间联络通道采用的施工方法后,本书将在后续章节详细介绍各类施工方法。其中,第3章注浆法加固联络通道建造技术以官洲站—大学城北站区间2号联络通道施工为例进行阐述,第4章冻结法联络通道建造技术以仓头站—官洲站区间2号联络通道施工为例进行阐述,第5章盾构法联络通道建造技术以赤沙滘站—仓头站区间1号联络通道施工为例进行阐述。

2.3 联络通道影响范围内正线隧道结构选择

根据联络通道施工工艺,联络通道影响范围内正线隧道结构形式如表2-3所示。

2 联络通道断面及结构形式

联络通道影响范围内正线隧道结构汇总表　　　　表2-3

项目名称	赤沙滘站—仓头站区间1号联络通道	赤沙滘站—仓头站区间2号联络通道	仓头站—官洲站区间1号联络通道	仓头站—官洲站区间2号联络通道	官洲站—大学城北站区间1号联络通道	官洲站—大学城北站区间2号联络通道
正线管片	复合玻璃纤维筋钢筋混凝土-钢管片	常规钢管片	常规钢管片	常规钢管片	常规钢管片	常规钢管片

2.4 联络通道结构计算分析

2.4.1 整体构造设计

联络通道的净空尺寸,除满足建筑限界要求、联络通道及泵房的使用功能及施工工艺要求外,还应考虑施工误差(含测量误差在内)、结构变形及沉降等因素,给予必要的裕量。本区间段2号联络通道兼废水泵房洞身主要位于<8-3>中风化泥质粉砂岩层,局部位于<7-3>微风化泥质粉砂岩层。联络通道净空宽2.9m,设两扇门宽1.0m的甲级防火门。泵房有效容积不小于15m³。

联络通道及泵房采用暗挖法施工,复合式衬砌结构,初期支护与二次衬砌之间设置防水层,联络通道及废水泵房设计参数如下:

2号联络通道废水泵房二次衬砌:C35、P10混凝土(厚度300mm,泵房厚350mm);钢筋保护层厚度35mm;钢支撑及其他钢结构构件一般采用Q235钢,焊条E4303;钢材等级:普通钢筋宜采用HPB300和HRB400,焊条采用E4303、E5003。2号联络通道及废水泵房剖面图、横剖面图分别见图2-1、图2-2。

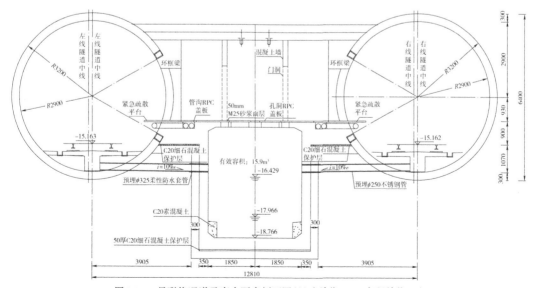

图2-1　2号联络通道及废水泵房剖面图(尺寸单位:mm;高程单位:m)

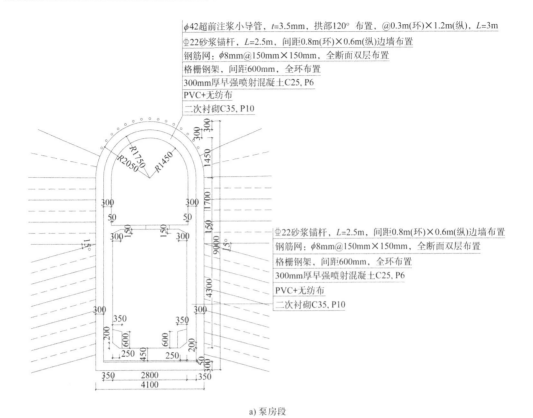

a) 泵房段

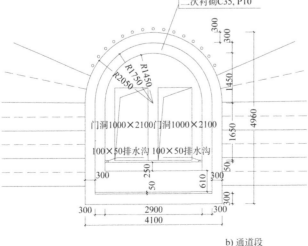

b) 通道段

图2-2 2号联络通道及废水泵房横剖面图(尺寸单位:mm)

2.4.2 计算荷载分类及组合

1)荷载种类

荷载分为永久荷载、活载、施工荷载和特殊荷载4种。

永久荷载:结构自重、水土压力(结构上方全部的水土压力)。

活载:地面活载一般按20kPa计算;结构内部荷载(设施自重等)。

施工荷载:不均匀注浆压力等。

特殊荷载:地震力按抗震基本烈度为7度计算,人防荷载按人防甲类工程的6级计算,将动载化为静载计算。

2)荷载组合

按照承载能力极限状态和正常使用极限状态进行计算,荷载效应组合见表2-4。

计算模型工况组合 表2-4

极限状态	序号	荷载效应组合	永久荷载	可变荷载	偶然荷载	
					地震作用	人防作用
承载能力极限状态	1	基本组合构件强度计算	1.3(1.0*)	1.5		
	2	地震偶然组合构件强度验算	1.2(1.0*)	0.5~1.0	1.3	
	3	人防偶然组合构件强度验算	1.2(1.0*)			1.0
正常使用极限状态	4	荷载效应准永久组合构件裂缝宽度验算	1.0	1.0×准永久值系数		
	5	荷载效应准永久组合并考虑长期作用变形验算	1.0	0.5~0.8		
	6	准永久组合抗浮稳定验算	1.0			

注:*表示准永久荷载对荷载效应组合有利时。

由于人防组合设计时考虑材料强度的综合调整系数,所以人防荷载对结构设计不起控制作用;地震组合时只进行强度计算,不进行裂缝验算,而本结构构件配筋基本上为裂缝控制,且抗震设计时截面承载力考虑抗震调整系数,所以地震组合对结构构件设计也不起控制作用。各构件根据基本组合的计算内力进行承载能力(即强度)配筋计算,根据标准组合的计算内力进行裂缝控制配筋计算,构件实际配筋按二者的较大值选筋。

2.4.3 衬砌结构计算力学模型

1)通道段

(1)计算假定。

采用有限元软件进行计算,结构纵向取1m作为一个计算单元,作为平面应变问题来近似处理。假定衬砌为小变形弹性梁,并离散为足够多的等厚度直杆梁单元。

用布置于各节点上的弹簧单元来模拟围岩与结构的相互约束;假定弹簧不承受拉力,即不计围岩与结构间的黏结力;弹簧受压时的反力即为围岩对结构的弹性抗力。

使用阶段按水土分算计算,二次衬砌承担全部水土荷载,按准永久组合验算裂缝,按基本组合验算承载力。

（2）计算模型。

计算模型如图2-3所示。

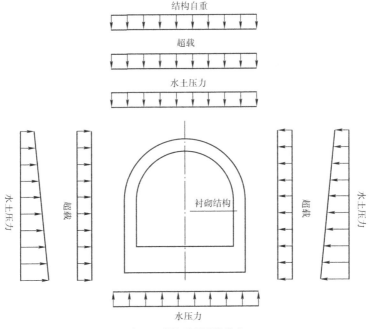

图2-3 联络通道计算模型

2）泵房段

对于联络通道泵房处断面,后期浇筑泵房中隔板,板厚150mm,其对二次衬砌侧壁水平变形具有约束作用,中隔板设900mm×800mm泵孔和φ700mm人孔。中隔板将联络通道分为Ⅰ、Ⅱ两部分,上部通道段验算同普通通道段,下部泵房段验算按双向板对泵房侧墙、底板进行验算,分别核算承载力和裂缝。

2.4.4 通道段验算

区间联络通道结构采用有限元软件计算,并根据结构所处工程地质和水文条件、埋置深度、结构特点、施工条件等因素,结合已有的试验、测试资料,选用合适的参数计算。

1）通道结构内力

根据联络通道所处土层情况,按厚度加权平均确定计算用土层参数。

2）荷载计算

依据《铁路隧道设计规范》(TB 10003—2016)计算断面为深埋隧道或浅埋隧道,浅埋和深埋隧道的临界深度分别为：

$$H < 2.5h_a \quad (2\text{-}1)$$
$$h_a = 0.45 \times 2^{s-1} w \quad (2\text{-}2)$$

式中，s 为围岩级别；w 为宽度影响系数，$w=1+i(B-5)$，B 为坑道宽度（m），$i\text{-}B$ 为每增减1m时的围岩压力增减率，当 $B<5$m 时，取 $i=0.2$，当 $B>5$m 时，可取 $i=0.1$；h_a 为荷载等效高度（m）；H 为临界深度（m），当实际断面深度$>H$时判定为深埋隧道，当实际断面深度$<H$时判定为浅埋隧道。

根据详勘资料，本区间2号联络通道所处地层为V级围岩，故 $w=1+0.2\times(4.1-5)=0.82$，计算得荷载等效高度 $h_a=5.904$m，取 $H=2.5h_a=14.76$m。2号联络通道兼废水泵房拱顶覆土厚度约17.99m，故该断面为深埋隧道。

依据《地铁设计规范》（GB 50157—2013），对于深埋隧道，上部土压力可按土体重度与荷载等效高度的乘积考虑，同时，查阅本区间详勘报告得2号联络通道所在位置地层侧压力系数为0.32。依据水土分算选用MLZ3-CL-84号钻孔计算2号联络通道兼废水泵房周边的水土荷载，结果见表2-5。

2号联络通道兼废水泵房通道段水土荷载　　表2-5

编号	荷载名称	荷载值(kPa)	计算过程
1	地面超载	20	按20kPa计
2	拱顶水压力	179.9	17.99m×10kPa(m)
3	拱顶土压力	63.2	5.904m×10.7kPa(m)
4	侧墙顶水压力	179.9	同拱顶水压力
5	侧墙顶土压力	20.2	拱顶土压力×0.32
6	侧墙底水压力	223	顶水压力+结构高×10
7	侧墙底土压力	35.0	侧墙顶侧土压力+结构高×10.7×0.32
8	底板水压力	223	同侧墙底水压力

使用阶段初期支护与二次衬砌共同作用，则：

<7-3>地层基床系数 $K_h=144$MPa/m，岩体完整系数 $K_v=168$MPa/m；

<8-3>地层基床系数 $K_h=180$MPa/m，岩体完整系数 $K_v=170$MPa/m。

3）内力计算及结构验算

对于以上荷载分别采用基本组合和准永久组合进行计算，见图2-4，得到内力如下。

（1）2号联络通道通道段。

①荷载基本组合下结构内力计算结果见表2-6、图2-5~图2-7。

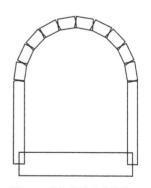

图2-4　联络通道通道段模型

荷载基本组合工况下内力计算值 表2-6

编号	位置	弯矩值(kN·m)	剪力值(kN)	轴力值(kN)
1	拱顶跨中	7.1	96.6	266.4
2	侧墙跨中	86.7	61.8	355.2
3	侧墙底	209.8	477.6	368.4
4	底板跨中	172.3	0.0	411.0

图 2-5 基本组合工况通道弯矩值(单位:kN·m)

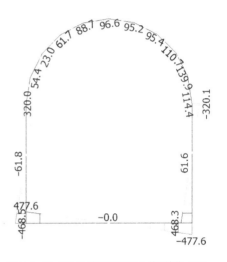

图 2-6 基本组合工况通道剪力值(单位:kN)

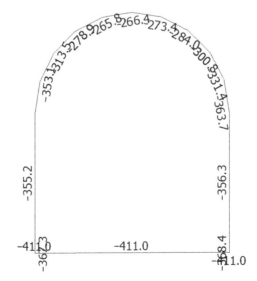

图 2-7 基本组合工况下通道轴力计算结果(单位:kN)

②荷载准永久组合下结构内力计算结果见表2-7、图2-8~图2-10。

荷载准永久组合工况下内力计算值　　　　　　　　　表2-7

编号	位置	弯矩值(kN·m)	剪力值(kN)	轴力值(kN)
1	拱顶跨中	3.5	67.6	186.3
2	侧墙跨中	60.6	183.2	253.4
3	侧墙底	146.7	334.0	256.8
4	底板跨中	120.5	167.0	287.4

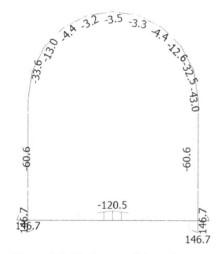

图2-8　准永久组合工况通道弯矩(单位:kN·m)

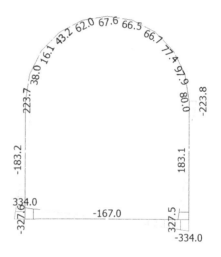

图2-9　准永久组合工况通道剪力(单位:kN)

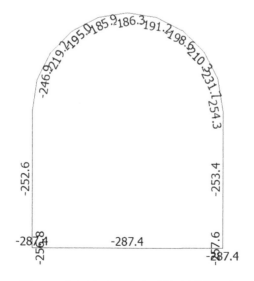

图2-10　准永久组合工况下通道轴力(单位:kN)

4)通道段配筋验算

采用理正软件,结合内力及结构实际配筋形式对联络通道二次衬砌配筋进行验算,结果见表2-8。

联络通道二次衬砌配筋验算表　　　　　　表2-8

位置	截面尺寸 (mm×mm)	弯矩 (kN·m)	轴力 (kN)	计算配筋 (mm²)	实际配筋 (mm²)	是否满足要求
拱顶	1000×300	7.1	266.4	600	E20@150	满足
侧墙跨中	1000×300	86.7	355.2	600	E18@150	满足
侧墙底	1000×300	209.8	368.4	3500	E20@150+ E20@150	满足
底板跨中	1000×610	172.3	411	1756	E20@150	满足

5)通道段裂缝验算

底板轴力按表2-8中数值的50%考虑,则2号联络通道二次衬砌裂缝计算结果见表2-9。

2号联络通道二次衬砌裂缝验算表　　　　　　表2-9

位置	截面尺寸 (mm×mm)	弯矩 (kN·m)	轴力 (kN)	实际配筋 (mm²)	计算裂缝 (mm)	是否满足要求
拱顶	1000×300	3.5	186.3	1696	0.01	满足
侧墙跨中	1000×300	60.6	253.4	1696	0.10	满足
侧墙底	1000×300	146.7	256.8	3791	0.15	满足
底板跨中	1000×610	120.5	287.4	2094	0.05	满足

6)通道段抗剪验算

采用理正软件,结合内力及结构实际配筋形式,对2号联络通道二次衬砌配筋进行验算,结果见表2-10。

2号联络通道二次衬砌配筋验算表　　　　　　表2-10

构件	截面尺寸 (mm×mm)	剪力 (kN)	受剪截面承载力极限 V_{max} (kN)	是否满足截面抗剪强度	实际配筋 (mm²)	是否满足斜截面抗剪强度
拱顶跨中	1000×300	96.6	948.75	满足	E10@300×300	满足
侧墙跨中	1000×300	61.8	948.75	满足	E10@300×300	满足
侧墙底	1000×300	477.6	948.75	满足	E14@300×300	满足
底板跨中	1000×610	0	948.75	满足	E12@300×300	满足

2.4.5 废水泵房段验算

1) 侧墙荷载计算

按偏于安全计算,废水泵房侧墙荷载($P_{侧顶}$、$P_{侧底}$)按下部荷载最大位置均布考虑,按水土分算计算:

$$P_{侧顶}=17.99×10+17.99×15×0.32=266.25(kPa)$$
$$P_{侧底}=26.99×10+26.99×15×0.3=391.36(kPa)$$

2) 底板荷载计算

通过分析得到废水泵房底部受水浮力($P_水$):

$$P_水=26.99×10=269.9(kPa)$$

3) 废水泵房段内力计算及结构验算

采用有限元软件对废水泵房建模,如图2-11所示。

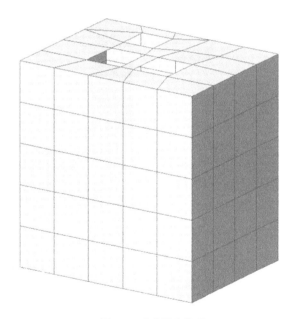

图2-11 废水泵房模型

对于以上荷载,分别采用基本组合和准永久组合进行计算,得到侧墙内力如图2-12所示。

图中,M_{xx}表示作用在局部坐标系x轴垂直平面内,绕y轴旋转的单位宽度弯矩;M_{yy}表示作用在局部坐标系y轴垂直平面内,绕x轴旋转的单位宽度弯矩;V_{xx}表示在x轴方向上的剪力,V_{yy}表示在y轴方向上的剪力;F_x表示内力在x轴方向上的分量,F_y表示内力在y轴方向上的分量。

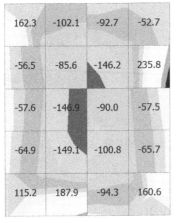
a) 侧墙基本组合M_{xx}弯矩图(单位: kN·m)

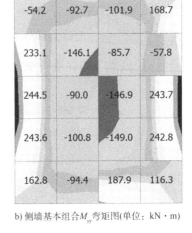
b) 侧墙基本组合M_{yy}弯矩图(单位: kN·m)

c) 侧墙基本组合V_{xx}剪力图(单位: kN)

d) 侧墙基本组合V_{yy}剪力图(单位: kN)

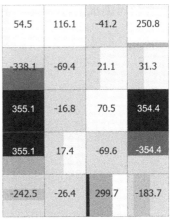

e) 侧墙基本组合F_x轴力图(单位: kN)

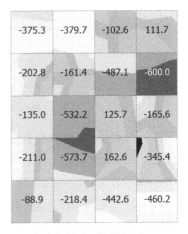
f) 侧墙基本组合F_y轴力图(单位: kN)

图 2-12

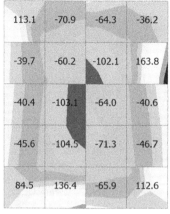

g) 侧墙准永久组合M_{xx}弯矩图(单位：kN)

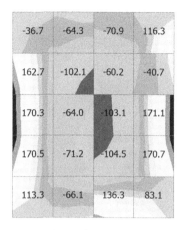

h) 侧墙准永久组合M_{yy}弯矩图(单位：kN)

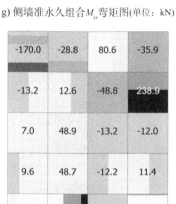

i) 侧墙准永久组合V_{xx}剪力图(单位：kN)

j) 侧墙准永久组合V_{yy}剪力图(单位：kN)

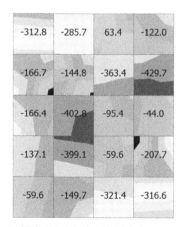

k) 侧墙准永久组合F_x轴力图(单位：kN)

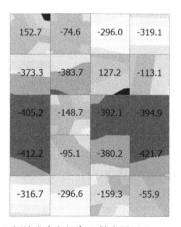

l) 侧墙准永久组合F_y轴力图(单位：kN)

图 2-12 废水泵房侧墙内力计算结果

对于以上荷载,分别采用基本组合和准永久组合进行计算,得到底板内力如图2-13所示。

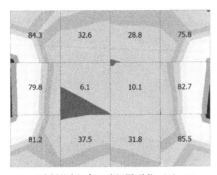

a) 底板基本组合M_{xx}弯矩图(单位:kN·m)

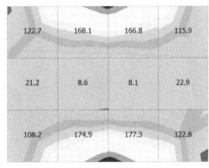

b) 底板基本组合M_{yy}弯矩图(单位:kN·m)

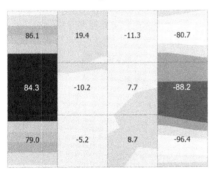

c) 底板基本组合V_{xx}剪力图(单位:kN)

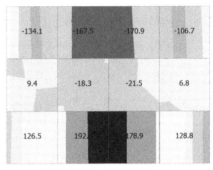

d) 底板基本组合V_{yy}剪力图(单位:kN)

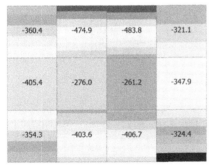

e) 底板基本组合F_x轴力图(单位:kN)

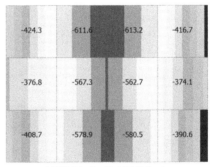

f) 底板基本组合F_y轴力图(单位:kN)

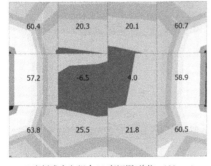

g) 底板准永久组合M_{xx}弯矩图(单位:kN·m)

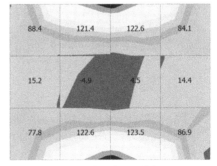

h) 底板准永久组合M_{yy}弯矩图(单位:kN·m)

图 2-13

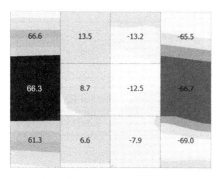

i) 底板准永久组合V_{xx}剪力图(单位：kN)

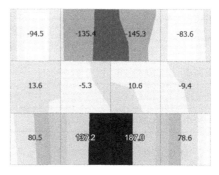

j) 底板准永久组合V_{yy}剪力图(单位：kN)

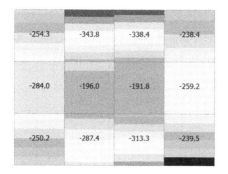

k) 底板准永久组合F_x轴力图(单位：kN)

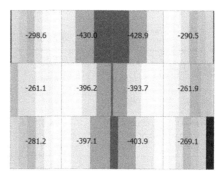

l) 底板准永久组合F_y轴力图(单位：kN)

图 2-13　废水泵房底板内力计算结果

图中，M_{xx}表示作用在局部坐标系x轴垂直平面内，绕y轴旋转的单位宽度弯矩；M_{yy}表示作用在局部坐标系y轴垂直平面内，绕x轴旋转的单位宽度弯矩；V_{xx}表示在x轴方向上的剪力，V_{yy}表示在y轴方向上的剪力；F_x表示内力在x轴方向上的分量；F_y表示内力在y轴方向上的分量。

4) 废水泵房段配筋验算

采用理正软件，结合内力及结构实际配筋形式，对废水泵房二次衬砌进行配筋验算，结果见表2-11，其中侧墙水平向轴力、底板轴力按表中数值的50%考虑。

废水泵房二次衬砌配筋验算表　　表2-11

位置	截面尺寸 (mm×mm)	弯矩 (kN·m)	轴力 (kN)	计算配筋 (mm²)	实际配筋 (mm²)	是否满足要求
侧墙竖向支座	1000×350	244.5	585.7	2344	E20@150+ E20@150	满足
侧墙竖向跨中	1000×350	146.9	552.8	1359	E20@150	满足
侧墙水平向支座	1000×350	235.8	600.0	2253	E20@150+ E20@150	满足
侧墙水平向跨中	1000×350	149.1	573.7	1380	E20@150	满足
底板纵向支座	1000×450	177.3	580.5	2713	E20@150+ E20@150	满足

续上表

位置	截面尺寸 （mm×mm）	弯矩 （kN·m）	轴力 （kN）	计算配筋 （mm²）	实际配筋 （mm²）	是否满足 要求
底板纵向跨中	1000×450	22.9	374.1	900	E18@150	满足
底板横向支座	1000×450	85.5	324.4	1472	E20@150+ E20@150	满足
底板横向跨中	1000×450	31.8	406.7	600	E18@150	满足

5）废水泵房段裂缝验算

采用理正软件，结合内力及结构实际配筋形式，对废水泵房进行二次衬砌裂缝验算，结果见表2-12，其中侧墙水平向轴力、底板轴力按表中数值的50%考虑。

废水泵房二次衬砌裂缝验算表 表2-12

位置	截面尺寸 （mm×mm）	弯矩 （kN·m）	轴力 （kN）	实际配筋 （mm²）	计算裂缝 （mm）	是否满足要求
侧墙竖向支座	1000×350	171.1	393.9	3791	0.14	满足
侧墙竖向跨中	1000×350	104.5	380.2	2094	0.17	满足
侧墙水平向支座	1000×350	163.8	429.7	4189	0.13	满足
侧墙水平向跨中	1000×350	103.1	402.8	2094	0.17	满足
底板纵向支座	1000×450	123.5	393.7	3791	0.03	满足
底板纵向跨中	1000×450	15.2	261.1	1340	0.01	满足
底板横向支座	1000×450	63.8	250.2	3791	0.01	满足
底板横向跨中	1000×450	25.5	287.4	1340	0.02	满足

6）废水泵房段抗剪验算

采用理正软件，结合工具箱结合内力及结构实际配筋形式，对废水泵房进行二次衬砌抗剪验算，结果见表2-13。

废水泵房二次衬砌抗剪验算表 表2-13

构件	宽 （mm）	高 （mm）	剪力 （kN）	受剪截面承载力 极限 V_{max}（kN）	截面满足 与否	实际配筋 （mm²）	斜截面抗剪 满足与否
侧墙竖向支座	1000	350	368.4	1336	满足	E12@300×150	满足
侧墙水平向支座	1000	350	367.8	1336	满足	E12@300×150	满足
底板纵向支座	1000	450	192.0	1754	满足	E12@300×300	满足
底板横向支座	1000	450	96.4	1754	满足	E12@300×300	满足

2.4.6 结构验算结论

通过上述对结构承载力和裂缝验算，结果表明，设计配筋可以满足通道和废水泵房正常使用要求。

2.5 本章小结

(1)本章分析了本工程中联络通的工程概况、地质水文、周边环境,最终确认施工总体施工方案及正线隧道的方案。

(2)本章以联络通道结构(含泵房)为研究对象,对整体结构、衬砌、泵房等进行仿真模拟计算,计算结果显示,结构的配筋和混凝土强度能够满足承载力和裂缝的要求。

3 注浆法加固联络通道建造技术

3.1 概述

联络通道施工技术随着国内各大城市轨道交通的全面发展正逐步完善,目前国内采用冷冻或注浆加固、矿山法开挖方式居多。在华南地区这种风化花岗岩分布广泛的地区,注浆加固、矿山法开挖是既能节约成本又能缩短工期的首选工艺。本章依托广州地铁12号线遇水软化地层(混合花岗岩、花岗岩残积土及全风化、强风化层等)联络通道施工实践,详细阐述了注浆加固、矿山法开挖方式的联络通道地层加固工艺、联络通道开挖与构筑施工工艺、联络通道施工监测等内容。

3.2 联络通道概况

3.2.1 隧道概况

广州地铁12号线工程(浔峰岗—大学城南)官洲站—大学城北站区间线路出官洲站后,由北向南敷设,区间下穿既有4号线官洲站、官洲河,下穿中心北大街接入大学城北站北端,区间均采用盾构法施工。隧道管片衬砌环内径5800mm,外径6400mm,管片衬砌厚度300mm,成环衬砌管片由6块组成,包括1块封顶块、2块邻接块、3块标准块。联络通道中心线前后第一环为全钢管片,前后第二环为半钢半混凝土管片,如图3-1~图3-3所示。

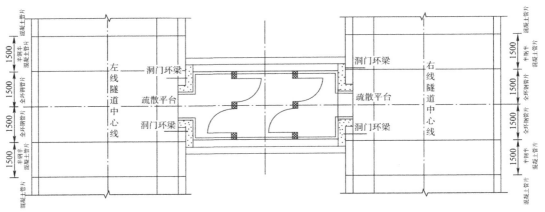

图3-1 联络通道处钢管片平面排版示意图(尺寸单位:mm)

3 注浆法加固联络通道建造技术

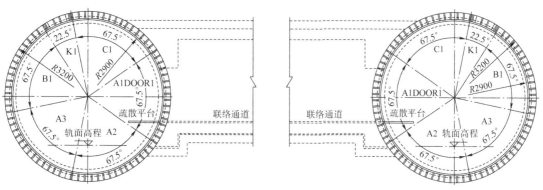

图 3-2 联络通道处钢管片横断面示意图(尺寸单位:mm)

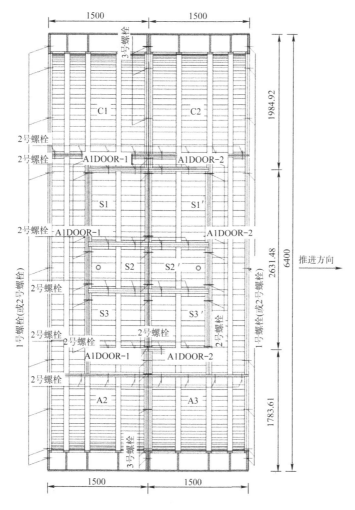

图 3-3 联络通道处钢管片纵断面示意图(尺寸单位:mm)

3.2.2 联络通道位置

本区间共设置2处联络通道,其中于YDK44+378.85(ZDK44+377.823)处设置2号联络通道。2号联络通道埋深约22.3m,长度约6.6m,距离官洲河岸约30m,采用WSS全断面帷幕注浆加固地层,矿山法暗挖工法进行开挖。

3.2.3 工程地质与水文

1)工程地质

(1)地质分布。

2号联络通道开挖范围地层主要为<7Z-B>碎块状强风化混合花岗岩、<8Z>中风化混合花岗岩、<9Z>微风化混合花岗岩。

(2)地质评价。

联络通道开挖范围地层详述、工程地质特性见表3-1、表3-2。

联络通道开挖范围地层详述 表3-1

土层层号	土层名称	颜色	土层描述
<7Z-B>	强风化碎块状混合花岗岩	浅灰色、红褐色、褐红色	原岩风化强烈,结构构造已大部分破坏,岩石成分除石英外,大部分风化呈次生矿物,节理裂隙很发育,裂隙面新鲜,岩芯破碎多呈碎块状,块径为3~8cm,岩质较脆,锤击易碎
<8Z>	中风化混合花岗岩	灰黄色、褐灰色	中细粒结构,条带状构造,组织结构部分破坏,主要矿物为石英、长石、黑云母,节理裂隙较发育,断面新鲜,性脆,锤击不易碎,岩体较破碎,岩芯以饼状为主,块状次之,少量短柱状,节长3~15cm,岩石质量指标RQD=5%~50%
<9Z>	微风化混合花岗岩	青灰色、浅灰色	中细粒结构,条带状构造,组织结构部分破坏,主要矿物为石英、长石、黑云母,节理裂隙较发育,断面新鲜,性脆,锤击不易碎,岩体较破碎,岩体完整系数K_v=0.36,局部由于机械破碎岩芯碎块状,少量短柱状,节长5~25cm,岩石质量指标RQD=5%~65%

工程地质特性 表3-2

层号	岩土名称	状态	工程地质特征	岩土施工工程等级	土石类别
<7Z-B>	强风化碎块状混合花岗岩	碎块状	碎块状,风化裂隙较发育	Ⅳ	极软岩
<8Z>	中风化混合花岗岩	软岩~较软岩	岩质软,裂隙较发育	Ⅳ	软质岩
<9Z>	微风化混合花岗岩	较软岩~较硬岩	岩质较软~较硬,裂隙不发育	Ⅳ~Ⅴ	软质岩~次坚石

(3)地质参数。

根据土工试验,各土层标贯及单轴抗压强度统计见表3-3。

2)工程水文

(1)地表水。

联络通道开挖位置地表水主要为官洲河水,2号联络通道距离官洲河岸约30m。官洲河与珠江相连,为珠江前航道,水深在0.6~7.9m间不等。河水随潮汐变化而变化,变幅为1~2m。

土层标贯值及单轴抗压强度统计表 表3-3

地层	单轴极限抗压强度标准值(MPa)		
	干燥	天然	饱和
<7Z-B>强风化碎块状混合花岗岩	—	2.0	1.5
<8Z>中风化混合花岗岩	20	13	9
<9Z>微风化混合花岗岩	49	37	28

(2)地下水。

①地下水类型。

勘查范围内的地下水按赋存方式划分为第四系松散层孔隙水和块状基岩裂隙水。联络通道开挖范围地层赋存块状基岩裂隙水,多呈脉状,含水层无明确界限,具不均匀性,受裂隙发育程度和裂隙开放-闭合程度影响,具有方向性,各个部位的地下水含水层埋深、厚度及透水性均很不稳定,裂隙发育地段地下水丰富,裂隙不发育的地段地下水贫乏。场地内块状基岩裂隙水水量变化大,水量为贫乏~中等,透水性变化大。从埋藏条件分析,块状基岩裂隙水一般为承压水。

②地下水位。

本场地地下水水位总体埋藏相对较浅,根据勘查,稳定水位埋深为3.5~3.8m(高程为5.6~6.5m),初见水位埋深为3.2~3.7m(高程为5.93~6.6m)。地下水位的变化与地下水的赋存、补给及排泄关系密切,每年4—9月为雨季,降雨充沛,水位会明显上升,而在冬季因降水减少,地下水位随之下降,水位年变化幅度为2.5~3.0m。另外,进行了抽水孔基岩承压水水位观测,基岩裂隙承压水水头高度为2.50~6.50m。

③地下水的补给与排泄。

勘查范围地处中国东南沿海亚热带季风性气候区,降雨量大于蒸发量,其中降雨是本区地下水的主要补给来源之一,每年4—9月是地下水的补给期,10月—次年3月为地下水消耗期和排泄期。本场地地下水的主要补给来源为大气降水及地表水补给,地下水位受季节的影响明显,其中地表水官洲河为珠江前航道,地下水与珠江存在直接的补给关系。排泄主要表现为大气蒸发、干旱季节向河流补给、人工开采和通过植物排泄,地下水位受季节的影响明显。块状基岩裂隙水发育于强风化~中等风化带中,主要接受构造裂隙水补给以及越层孔隙裂隙水补给。

3.3 联络通道设计

3.3.1 注浆加固设计

2号联络通道采用WSS全断面帷幕注浆加固周边土体,分别从左、右两侧隧道向中间打设注浆管,注浆加固图如图3-4~图3-6所示。

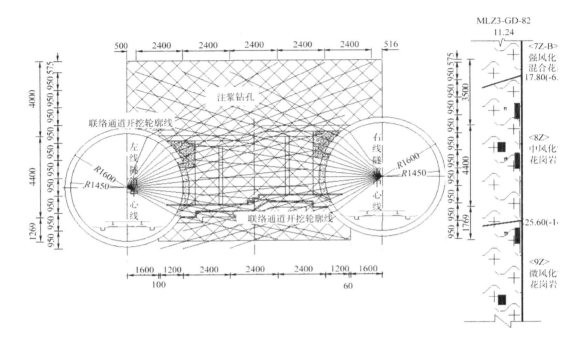

图3-4 帷幕注浆加固剖面图(尺寸单位:mm)

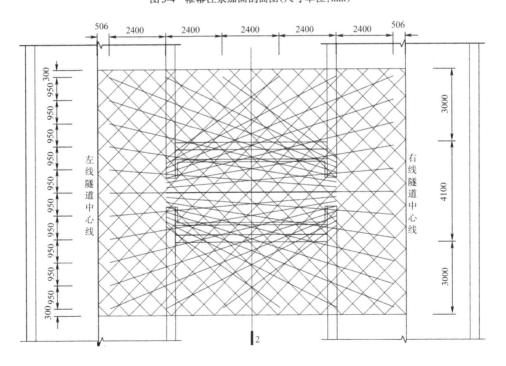

图3-5 注浆管平面布置图(尺寸单位:mm)

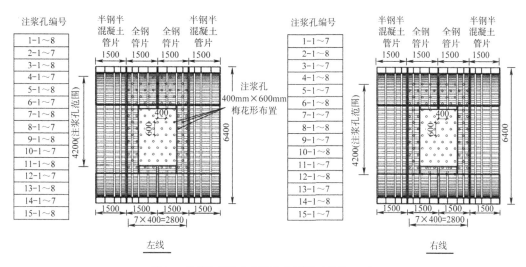

图 3-6 注浆加固孔位布置示意图(尺寸单位:mm)

3.3.2 隧道支撑及防护门

1)隧道支撑

在联络通道开挖前,分别在左右线隧道联络通道预留洞口两侧的第二环隧道管片中间处设置一道隧道支撑,每个联络通道两侧共设置4榀隧道支撑,支撑形式见图3-7~图3-9。

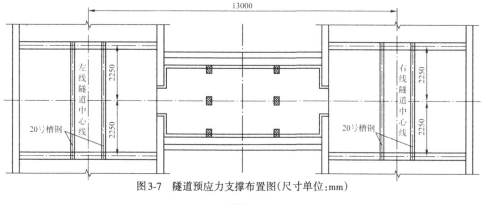

图 3-7 隧道预应力支撑布置图(尺寸单位:mm)

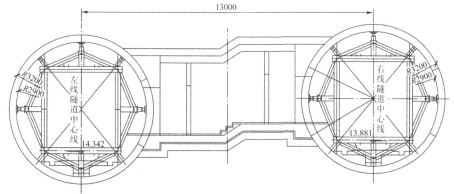

图 3-8 1—1剖面图(尺寸单位:mm,高程单位:m)

41

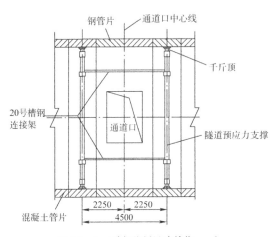

图 3-9 2—2 剖面图(尺寸单位:mm)

2)联络通道防护门

在开挖侧隧道预留洞口上安装应急防护门,在防护门上应安设排气管、注浆管及控制阀门,并配备注浆泵为防护门内供水。防护门安装后应进行水密性试验,防护门耐压设计值约0.57MPa,2号联络通道在不停泵时试验水压应能保持0.438MPa,打压试验值不得超过耐压设计值。防护门结构图见图3-10~图3-12。

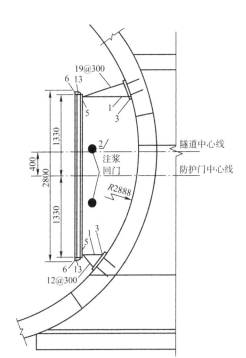

图 3-10 防护门侧剖图(尺寸单位:mm)

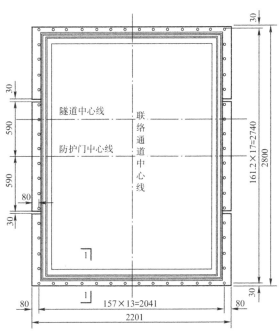

图 3-11 防护门门框图(尺寸单位:mm)

3 注浆法加固联络通道建造技术

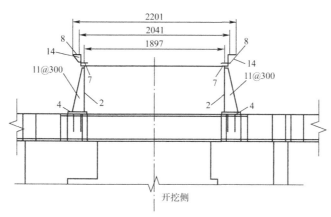

图3-12 防护门俯视图(尺寸单位:mm)

3.3.3 联络通道防水设计

联络通道防水体系包括结构自防水、接缝防水及附加防水夹层,具体要求见表3-4和见图3-13、图3-14。

联络通道防水体系设计   表3-4

序号	防水类别	防水要求
1	结构自防水	初期支护要进行系统注浆,形成初道止水帷幕
2		2号联络通道二次衬砌混凝土抗渗等级为P10
3		裂缝控制按《地铁设计规范》(GB 50157—2013)表10.5.1执行
4		防水混凝土的环境温度不得高于80℃,当结构处于侵蚀性地层中时,防水混凝土的氯离子扩散系数不宜大于$4\times10^{-12}\mathrm{m^2/s}$
5	接缝防水	施工缝、变形缝、穿墙管及各型接头的接缝不得渗漏水
6	附加防水夹层	采用全包防水卷材,并能抵抗本工程埋深的水压

3.3.4 联络通道结构设计

2号联络通道均为曲拱直墙断面,支护结构形式为复合式衬砌,初期支护采用锚杆+钢筋网+喷射混凝土的组合形式,二次衬砌采用模筑钢筋混凝土,具体衬砌支护参数详见表3-5和图3-15、图3-16。

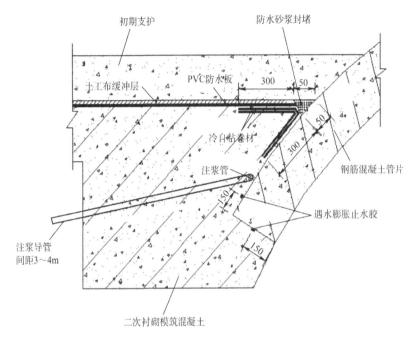

a) 通道顶部防水大样图

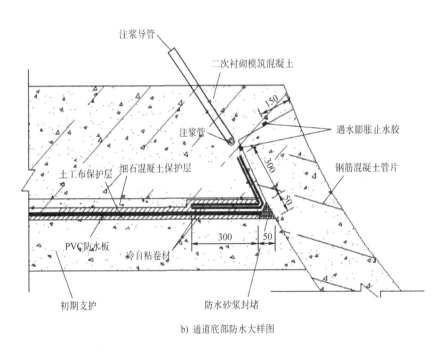

b) 通道底部防水大样图

图 3-13 联络通道接口管片防水示意图（尺寸单位：mm）

3 注浆法加固联络通道建造技术

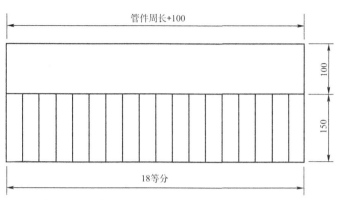

图 3-14 防水加强层 PVC 防水板尺寸详图(尺寸单位:mm)

联络通道结构设计参数 表 3-5

加固措施	超前支护		初期支护						二次衬砌		围岩级别
			喷射混凝土		钢筋网		锚杆		混凝土		
	规格	布置	规格	厚度(mm)	规格(mm)	布置	规格	布置	规格	厚度(mm)	
WSS注浆	$\phi 42mm$小导管、$t=$3.5mm、长3.5m或5m	拱部120°、环距0.3m、进洞段长5m、开挖段长3.5m	C25,早强,P6	300	$\phi 8@$200×200	双层布置	25中空注浆锚杆	拱部及边墙	C35,P10	300	V

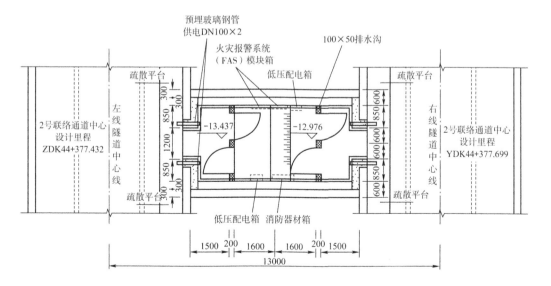

图 3-15 2 号联络通道平面布置图(尺寸单位:mm)

45

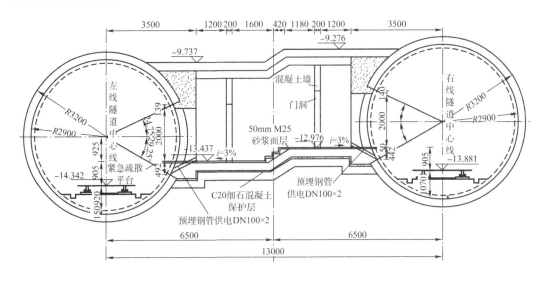

图 3-16　2 号联络通道剖面图(尺寸单位:mm,高程单位:m)

3.4　地层加固

3.4.1　超前探测

管片可拆卸门洞拆除前,应对联络通道断面进行掌子面超前探孔测量水量,全断面布置不少于 9 个探孔(图 3-17),取芯位置应避开联络通道二次衬砌,取芯检测后必须对钻孔进行回填,孔深约 5m,孔径约 100mm。若单个探孔每小时汇水总量超过 20L,应及时采取注浆加固等方式进行补强加固处理。

图 3-17　超前探测孔布置图

3.4.2 WSS注浆施工

(1) WSS注浆施工流程见图3-18。

(2) 施工方式。

隧道内空间较小,无法采用大型设备进行钻孔施工,注浆钻孔采用小型钻孔设备进行施工,施工时在临时支撑上搭设施工平台。平台采用Ⅰ22型钢制成,与隧道支撑采用牛腿进行焊接,施工过程中可采用电动葫芦对平台进行上下移动,定位完成后加固平台与内支撑,保证平台稳定后进行钻孔施工。钻机位置摆设时采用方木进行精确调整,见图3-19。

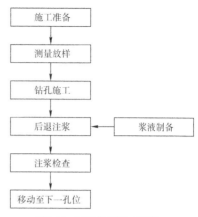

图3-18 WSS注浆施工流程

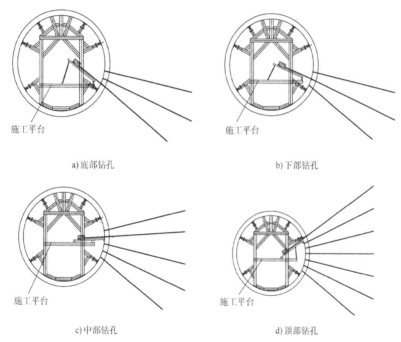

a) 底部钻孔 b) 下部钻孔

c) 中部钻孔 d) 顶部钻孔

图3-19 钻孔施工顺序示意图

(3) 注浆顺序。

一个孔段内的注浆作业一般应连续进行直到结束,不宜中断,其注浆一般按如下原则进行:

①注浆孔从上至下分为15排,注浆时先注中间水平注浆孔,外侧倾斜注浆孔注浆先注浆奇数排,再注浆偶数排,排内注浆要隔孔施工。注浆顺序见图3-20。每一循环正式注浆前要先试注浆,确定其注浆半径在设计半径范围内。当地层范围变化时,注孔可相应进行调整。如果地面隆起较严重,可通过增加注浆孔、降低单孔注浆量来控制。

②先注有水孔后注无水孔。

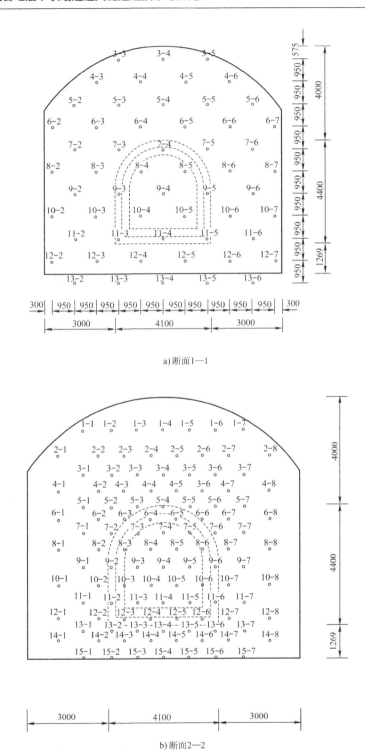

图3-20 注浆顺序示意图(尺寸单位:mm)

(4)注浆参数。

①注浆范围为隧道开挖轮廓线外3m以内,注浆采用极坐标法布设注浆孔,终孔间距不

大于2m。

②浆液扩散半径:1~1.2m。

③超前注浆采用盾构管片作为止浆墙。

④注浆压力:全强风化地层,控制在0.75~1.0MPa之间。

⑤注浆材料为AB液(水玻璃-磷酸)、AC液(水玻璃-水泥浆)。水玻璃波美度为35Be',水泥为PO42.5普通硅酸盐水泥。水玻璃:磷酸体积比为50:1,水玻璃:水泥浆体积比1:1,每立方米水泥浆用水玻璃1350kg;水泥浆水灰比1:1(重量比),每立方米水泥浆水泥及水用量均为743.5kg,AC液的凝结时间控制在20~45s之间。具体材料选用、配比及实施压力按现场试验确定。施工中应根据地层渗漏水点串浆情况,动态调整配比。

⑥应采用一次性后退式注浆。在掌子面钻孔至尾孔位置,使用钻注一体机,进行第一次注浆加固,注浆压力逐步提高,达到注浆终压并继续注浆3min后,回抽钻孔30~50cm,再进行下一段注浆孔注浆,直至钻孔全部拔出,注浆完成,再进行下一注浆孔位钻孔注浆作业。

(5)注浆结束标准。

①单孔结束标准:

a.注浆结束时的进浆量小于初始进浆量的1/4;

b.检查孔涌水量小于0.2L/(m·min);

c.检查孔钻取岩芯,浆液充填饱满;

d.注浆压力达到设计终压持续5min或地表隆起达到报警极限时。

②全段结束标准:

注浆结束,待浆液凝固后,必须在分析资料的基础上,采取钻孔取芯法对注浆效果进行检查,观察浆液的充填情况,并检查孔内涌水量,必要时进行压(抽)水试验,其具体的标准如下:

a.所有注浆孔均已符合单孔结束条件,检查孔无流泥,成孔好,无坍孔现象、无漏注现象。

b.检查孔涌水量小于0.2L/(m·min)。

c.检查孔钻取岩芯,浆液充填饱满,其固结体物理力学性能指标应满足加固后土体无侧限抗压强度不少于1.0MPa,渗透系数应小于$1.0×10^{-5}$cm/s,且经评判开挖不会发生涌、突水(泥)灾害。

d.浆液有效注入范围大于设计值。

(6)注浆效果评定方法及要求。

①采用地质雷达等物探手段并结合抽样钻探检验注浆质量,检查孔应根据现场情况随机抽取,但必须重新成孔,不可利用既有注浆孔,检查孔抽查率按总注浆孔的5%~10%抽取,但必须重新成孔,检查孔取芯率达到70%以上,浆液填充率必须达到80%以上,如图3-21所示。

检查孔设置要求为检查孔每孔深8m。

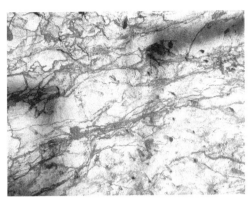

图 3-21　WSS 注浆效果图

②检查孔应无流泥,成孔好,无坍孔现象,渗水量小于 0.2L/(m·min)。

③根据现场钻孔所揭示的地质状况,对结束注浆过程中注浆压力(P)-注浆量(Q)-注浆时间(t)曲线进行分析,要求达到设计终压,注浆速度不小于 5L/min,并且注浆压力(P)-注浆时间(t)曲线呈上升趋势,注浆量(Q)-注浆时间(t)曲线呈下降趋势。

④对于施工总注浆量,应填充地层孔隙饱和度达到 70%~80%,以判定注浆效果是否满足要求。

⑤对检查孔进行注浆,压力应很快上升,且进浆量很小。

⑥若达不到上述要求,应进行补孔注浆,直至满足要求为止。

3.4.3　超前小导管注浆

1) 小导管布设形式

(1) 马头门扩挖段加固。

马头门外侧进洞段设置三榀连续格栅,后续 3m 范围内间距 0.5m 设置一处格栅,每榀格栅逐步向上扩挖,并在拱部 150°范围内打设超前导管,单根长度 $L=3.5m$(进洞段长 5m),环向间距 0.3m,上倾角为 25°~33°,扩挖段与标准段相交的一榀格栅处导管上倾角为 25°。马头门扩挖段超前导管施工见表 3-6。

马头门扩挖段超前导管施工　　　　　表 3-6

施工步序	施工参数示意图	现场施工图
主线隧道内超前加固		

续上表

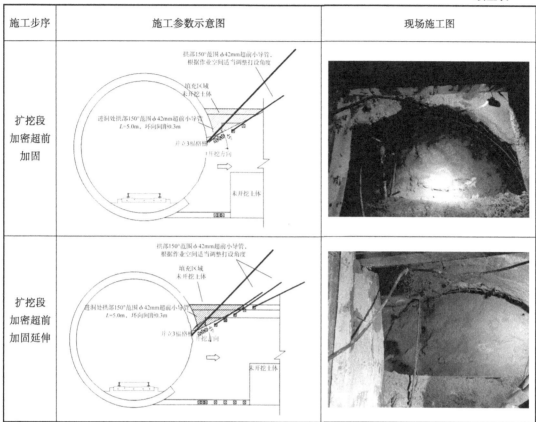

(2)马头门反掏段加固。

马头门反掏段施工时,朝隧道管片方向打设超前导管,每榀拱部150°范围,环向间距0.3m,上倾角25°,单根长度$L=3.5$m。邻近管片的2榀格栅处可适当调整超前导管角度,避免损伤管片结构。马头门反掏段超前导管施工如图3-22所示。

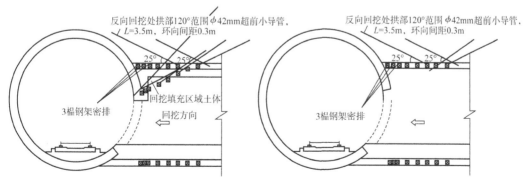

图3-22 马头门反掏段超前导管施工

(3)标准段加固。

标准段按拱部120°范围,上倾角10°~15°,纵向搭接长度不小于1.5m,环向间距均为

0.3m,单根长度 L=3.5m 布置。标准段超前小导管施工示意图如图3-23所示。

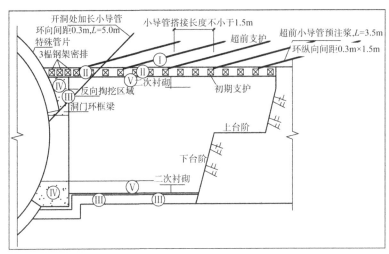

图3-23 标准段超前小导管施工示意图

2)小导管施工

(1)小导管加工。

导管采用 ϕ42mm 的无缝热轧钢管加工,所用钢管应直顺,无翘曲、凹凸、开裂、污损等现象,其不钻入围岩部分可不开孔(图3-24)。

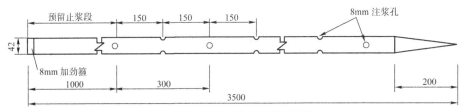

图3-24 超前小导管加工示意图(尺寸单位:mm)

小导管加工工序如下:

①场地准备。

必须对加工场地进行硬化,并建立防风、防雨大棚,钢管的堆放、半成品堆放要有专门的场地,要配备足够钢管的篷布。

②下料。

根据设计图纸要求,按照设计尺寸进行下料,下料过程中要注意导管设计尺寸,尽量避免原材料出现浪费。进洞段采用5m长超前小导管,普通段采用3.5m长超前小导管。

③切割加工。

根据隧道所采用超前小导管的长度,将钢管切割成导管设计长度;在切割过程中,要对导管表面出现裂纹或者长度不满足设计长度的材料进行废品处理。超前小导管插入岩体的端头须加工成长度为10cm的圆锥形,尾部焊接6mm的钢筋加劲箍。超前小导管现场加工成品如图3-25所示。

图 3-25 超前小导管现场加工成品

④注浆孔加工。

超前小导管管体用钻床钻 ϕ8mm 的注浆孔,注浆孔间距为 15cm,呈梅花形布置,尾部长度留 50cm 的止浆段。钻孔结束后,必须清除铁屑并将注浆孔毛刺磨平。

⑤验收。

现场负责人员要组织验收人员对其超前小导管长度、规格进行验收,待验收合格后方可进行存储;存放和运输过程中要避免潮湿的环境,防止锈蚀、污染和变形。

(2)小导管安装。

小导管安装采用引孔顶入法施工,安设步骤如下:

①小导管安装前,应将工作面封闭严密、牢固,清理干净,测放出钻孔位置后采用钻机沿开挖轮廓线外打孔,其孔眼深度应大于导管长度。

②成孔后应立即安装小导管,从型钢钢架上部、中部将导管插入孔中,如插入困难则采用带冲锤的手风钻将导管顶入岩层,顶入长度不小于管长的90%。管端应外露一定长度,以便安装注浆管路,外露部分支撑于开挖面后方的钢架上,与钢架共同组成预支护体系。导管插入后,将导管周围缝隙用塑胶泥封堵并用棉纱或止浆塞将管口堵塞。

(3)浆液配置。

①浆液拌制:采用水泥浆,浆液水灰比 0.5:1~1:1(必要时辅以水玻璃浆液),水泥标号不低于42.5,注浆压力应考虑周边环境条件及地质条件,根据现场试验确定。注浆结束后,必须对注浆效果进行检查,并对注浆的薄弱部位,重新补充注浆。

②水泥浆搅拌在搅拌机内进行,根据拌和机容量大小,严格按要求投料,在加水的同时将缓凝剂一并加入搅拌,待水量加够后继续搅拌一定时间,最后将水泥投入并搅拌。

③制备水泥浆时,严防水泥包装纸及其他杂物混入,注浆时设置滤网过滤浆液,未经滤网的浆液不得进入泵内。

(4)压注浆液。

①洞内循环小导管施工时,注浆前先喷射混凝土5~10cm厚封闭掌子面,形成止浆盘,防止注浆过程中工作面漏浆。

②清理干净钢管内杂物,进行注水试验,检查机械设备是否正常、管路连接是否正确,将注浆管按要求接好后再开动注浆机。

③注浆必须连续作业,不得任意停泵,以防浆液沉淀,堵塞管路,影响注浆效果;注浆顺序由低处向高处、由无水向有水依次压注,以利于充填密实,避免浆液被水稀释离析。注浆达到设计注浆量和注浆压力时可结束注浆,施工中根据现场实际情况调整注浆参数,注浆浆液须充满钢管及周围的空隙并密实,注浆量可参考式(3-1)进行计算,具体注浆量和压力应根据试验确定:

$$Q = \pi R^2 \cdot L \cdot n \cdot K \cdot a \tag{3-1}$$

式中:Q——注浆量,m^3;

R——浆液扩散半径,可按0.3m考虑;

L——小导管长度;

n——地层孔隙率;

K——充填系数,一般为0.8;

a——浆液消耗系数,取1.1~1.2。

④注浆时按照先下后上、左右对称、相邻孔位错开、交叉注入的顺序注入,过程中随时观察注浆压力,分析注浆情况,防止堵塞、跑浆,做好注浆记录,以便分析注浆效果。

⑤注浆结束后及时清洗泵、阀门和管路,保证机具完好,管路畅通。

(5)注意事项。

①为保证加固过程的安全和施工质量,安全员和质检员要进行全过程的监督检查。

②液浆应严格按配合比配制,并随配随用,以免浆液在注浆管、泵中凝结。

③注浆过程中若出现堵管现象,应及时清理注浆软管和注浆泵;如当时注浆泵的压力表显示有压力,则应先卸压后拆接头进行处理。

④为掌握注浆过程的管片位移情况,全过程进行管片变形观察和监控。

⑤注浆结束后应检查其效果,不合格者应补浆。注浆浆液达到设计强度后方可进行开挖。

⑥为保证补注浆效果,补注浆时采用从联络通道中心向两侧逐环进行,多孔进行补注,孔位尽量保持对称,压力从小到大逐步增加。

⑦补注浆后,要等强至少1d,才可进行下一步作业。

3.5 联络通道开挖与构筑施工

3.5.1 联络通道开挖及支护

1)开挖准备

(1)隧道内工作平台搭设。

按联络通道出口尺寸及施工需要,工作平台由上下两层平台和一斜坡道构成。在联络通道开口处的隧道支撑架底梁上表面搭设中间工作平台,主要用于通道材料运输手推车换向,面积约为2m×3.5m=7m²。在联络通道两侧,搭设斜坡道与中间平台相连接,斜坡道高端宽约3m,坡长约10m,坡度以方便车辆运输为原则可以适当调整。在中间平台的另一侧搭设材料设备平台,为节省材料,平台面可低于中间平台0.3m,面积约6m²。工作平台可用20号槽钢建成,直接搭在混凝土管片上,台面用50mm厚木板铺盖而成,见图3-26。

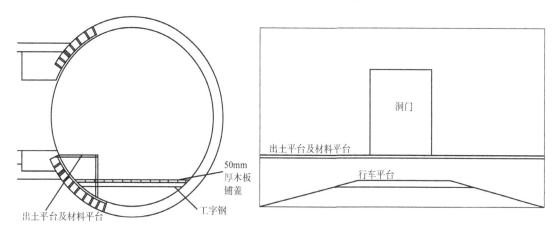

图3-26 隧道内工作平台示意图

在联络通道洞门两侧搭设材料和设备放置平台,施工材料和小型设备放置在洞门两侧,安全门开关范围内禁止堆放材料、设备。盐水管、水电管路从平台下方及洞门上方通过,不得影响安全门启闭。

(2)初期支护钢架准备。

开挖前按设计图纸加工好一定数量的初期支护钢架,钢架大量加工前应进行试拼,确定加工参数及工艺,试拼合格后方能大量生产,考虑施工误差及后续防水二次衬砌施工,钢架尺寸整体放大5cm。通道开挖步距应和格栅钢架间距匹配。开挖完成后立即进行初衬钢架施工。

(3)排水系统。

从联络通道口到地铁车站区间布置一条排水管路,水泵设在联络通道口附近,形成排水系统,以备联络通道端口处集水、开挖构筑中产生的出水或涌水排放之用。

(4)设备及材料的进场与验收。

设备及材料进场后,要向监理报验。设备进场要提供合格证和出厂质量保证书以及相应的检验报告;原材料进场按规范要求见证取样并进行试验。

2)管片拆除

在施工必需的准备工作做好后,根据探孔情况,可先拆除一片钢管片,观测工作面情况,认为可行后,拆除剩余钢管片。

具体方法:开管片时,准备2台32t千斤顶,5t、10t和2t手拉葫芦各一个。两台千斤顶架在被开管片两侧,中间用一根横梁同钢管片直接相连,通过顶推横梁向外推拉钢管片,5t、10t

葫芦作为主拉拔管片用,一端钩住欲拆管片,一端套挂在对面隧道管片吊装孔吊装头上,水平方向加力向外(隧道内)拉拔管片。2t葫芦悬吊在欲拆管片上方管片上,一端钩住欲拆管片,以防管片拉出时突然砸落在工作平台上。拆除钢管片示意图见图3-27。

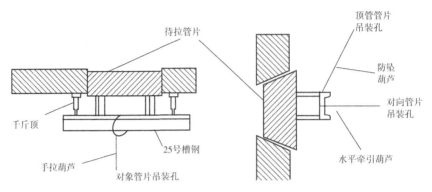

图3-27 拆除钢管片示意图

在使用千斤顶及5t葫芦拉拔期间,要注意观察管片外移情况,并随时注意调整2t葫芦拉紧程度和方向。因管片锈蚀而拉出困难时,应用大锤锤振管片,减轻拔出应力。

拆除顺序如图3-28所示(先拉1号,接着拉2~4号,再拉5、6号)。在钢管片拆除有困难需要动火时,应考虑通风措施。

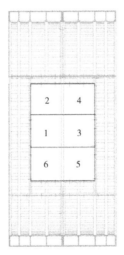

图3-28 钢管片拆除顺序图

3)土方开挖

2号联络通道从官大区间右线隧道往左线隧道方向开挖。暗挖联络通道施工中应严格坚持"管超前、严注浆、短开挖、强支护、勤量测、早封闭"的原则。

(1)开挖施工流程。

联络通道开挖施工流程见图3-29。

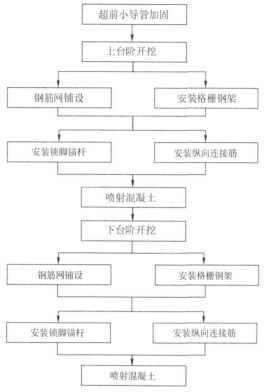

图 3-29 联络通道开挖施工流程

(2) 开挖工艺。

采用两台阶法开挖,为使格栅钢架尽快封闭成环,上下台阶坡度根据现场土质情况尽量放大,开挖步距控制在 1~2m 之间,上台阶高约 2m,循环开挖进尺 0.5m。为保证结构净空和预留变形,开挖时注意外放 50mm。开挖过程中割除导管外露部分,开挖到位后立即进行初期支护,先喷一遍喷射混凝土,然后进行挂钢筋网,安设格栅钢架并打设锁脚锚杆、铺第二层钢筋网后再次喷射混凝土到设计厚度,形成整个断面的初期支护封闭。开挖至对侧管片后,切割拆除对侧管片,完成联络通道的开挖、初期支护全部工作。

下台阶应在上台阶开挖、初期支护完成,待拱部初期支护变形基本稳定,且喷射混凝土达到设计规定强度的 70% 后方可进行开挖。下台阶开挖时注意保持上、下台阶开挖断面间距在 3~5m 之间,格栅钢架封闭成环距离掌子面不得大于 0.25m。边墙应采用单侧或双侧交错开挖,不得使上部初期支护结构同时悬空,边墙开挖至设计高程后应立即架立格栅钢架并喷射混凝土。联络通道横断面施工工序示意图见图 3-30。

待通道整体开挖完成后开挖马头门位置,反向施工完成后施作洞门环梁防水及接口,浇筑洞口环框梁。

(3) 土方外运。

由于联络通道洞身短,作业空间受限,采用人工装渣,通过手推车、电葫芦运输至渣土运输车内,渣土运输车运至井口后再通过门式起重机吊运至地面。在台阶上向下扒渣时,渣堆应稳定,防止滑塌伤人。

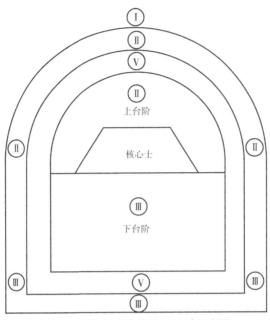

图 3-30 联络通道横断面施工工序示意图

(4)止排水。

①止水。

开挖后若地下水出露较多,初次衬砌及回填注浆后仍有渗漏水地段及加固效果不好的地段,应视具体情况向衬砌背后进行注浆。在掌子面有明显渗水或掌子面暴露时间较长的情况下,在小导管注浆前应对掌子面进行喷射混凝土进行封闭处理,喷射混凝土厚度约为10cm。针对渗漏水比较密集的地方,采用超前小导管注1∶1水泥浆止水,水量较大时注1∶1双液浆止水,以保证开挖面处于无水状态,提高地层自稳能力。在确认掌子面无水土体良好的情况下方可进行开挖,否则,需继续进行掌子面注浆至达到该效果。

②排水。

从联络通道口到地铁车站区间布置一条排水管路,水泵设在联络通道口附近,形成排水系统,以备联络通道端口处集水、开挖构筑中产生的出水或用于涌水排放。

4)初期支护

初期支护应配合开挖作业及时进行,尽早封闭成环,严格进行工序质量验收,严禁背后脱空,坚持"管超前、严注浆、短开挖、强支护、快封闭、勤测量"的"十八字方针"。隧道洞身衬砌采用复合式衬砌,即喷射混凝土、钢筋网、钢拱架和锚杆等为初期支护;初期支护应紧密配合开挖作业及时进行,确保围岩稳定及施工安全。作业平台应确保牢固可靠,加强临边防护并设置安全护栏。初期支护施工工艺流程见图3-31。

(1)喷射混凝土。

喷射混凝土作业应紧跟开挖工作面,采用湿喷机,进行隧道洞身的初喷和复喷作业。喷射混凝土采用C25早强防水混凝土,初喷厚度不小于35mm,以保证格栅钢架保护层厚度;复喷采用分层喷射至设计厚度。喷射混凝土施工工艺流程如图3-32所示。

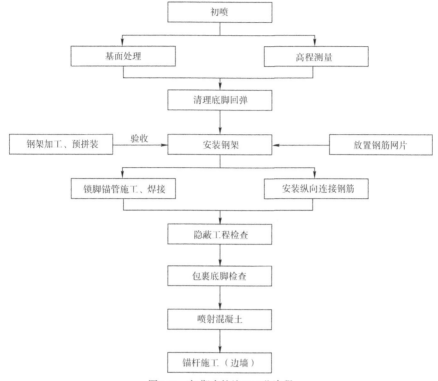

图3-31 初期支护施工工艺流程

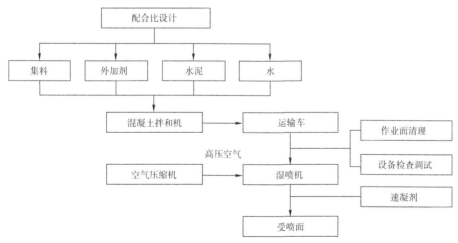

图3-32 喷射混凝土(湿喷)施工工艺流程

①湿喷工艺流程。

a.结合设计给定的配合比范围进行配合比设计试验,确定水泥品种、水灰比、速凝剂掺量,所用材料满足相关规范要求。

b.采用运输车将水泥、砂石料等材料运送至施工现场,按照试验确定的配合比参数,通过搅拌筒拌制混凝土。

c.现场作业人员清理作业面,检查设备运行情况。

d.进行初喷、复喷作业。

②作业准备。

a.割除侵入作业面的导管,清除开挖面的浮石、泥浆、回弹物及岩渣堆积物。

b.埋设控制喷射混凝土厚度的标志(厚度控制钉、喷射线)。

c.喷射机司机与喷射手不能直接联系时,应配备联络装置。

d.作业区应有良好的通风和足够亮度的照明装置。

e.喷射作业前应对机械设备、风水管路、输料管路和电缆线路等进行全面检查及试运转。

③作业要求。

a.喷射作业应分段分片自下而上依次进行,并先喷钢架与壁面间混凝土,然后再喷两钢架之间的混凝土。

b.对受喷岩面应用压力水预先湿润,对遇水易潮解的岩层可用压风清除岩面的松石、浮渣和尘埃。

c.在大面积喷射作业前应先对岩面上出露的空洞、凹穴和较宽的张开裂隙进行喷射混凝土充填,钢架与壁面之间的空隙必须用喷射混凝土充填密实。

d.喷嘴指向与受喷面应保持90°夹角。

e.喷嘴与受喷面的距离不宜大于1.5m。

f.喷射时注意控制一次喷射厚度,每次喷射厚度控制为边墙70~80mm,拱顶50~60mm。

g.分层喷射时,后层喷射应在前层混凝土终凝后进行,若终凝1h后进行喷射,则应先用风水清洗喷层表面。

(2)钢筋网片。

钢筋网片采用$\phi 8mm@200mm \times 200mm$双层布置,可通过地面预先加工成型,打包存放,然后运输至现场在钢架上搭接成整体。钢筋网布置示意图见图3-33。

①施工准备。

使用钢筋网材料前,先调直、清除锈蚀和油渍。钢筋规格要满足设计要求。

②钢筋网片加工。

钢筋网片加工前,先熟悉图纸,标定钢筋网片尺寸,下料时注意考虑洞身尺寸外放,钢筋网片加工时确保焊接质量满足设计要求,连接牢固;钢筋网片加工后存放在加工厂指定区域,存放区标识清楚、信息齐全;钢筋网片搬运和运输时,应轻抬轻放,避免碰撞产生变形。

③钢筋网片安装。

钢筋网片应在初喷混凝土施作完毕后安设,钢筋与壁面的间隙宜为35mm,铺设应平整,并与格栅或锚杆连接牢固;喷射时钢筋不得晃动,尽可能与钢拱架、锚杆连接成一体,确保喷

3 注浆法加固联络通道建造技术

射混凝土时钢筋网不产生晃动。第二层钢筋网在第一层钢筋网被喷射混凝土全部覆盖且终凝后进行铺挂,其覆盖厚度不应小于35mm,初期支护钢架架设时,钢筋网片设置在钢架内外侧。相邻钢筋网片应搭接牢靠,搭接长度为1~2个网眼,且不小于200mm。

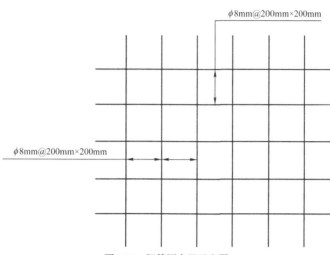

图3-33 钢筋网布置示意图

④成品检查。

钢筋网片的每个交点和搭接段均应焊接牢固,出现漏筋情况应补喷出来,确保钢筋保护层厚度满足设计及规范要求。

(3)格栅钢架。

格栅钢架在初喷之后施工,其施工流程如下:

①施工准备。

格栅钢架在地面加工,施工前完成液压闸式剪板机、冷弯机、电焊机等设备调试工作并保证能正常运行;确保钢架存放模架制作完成并验收合格;确保钢架所用的原材料已经进场,并通过验收,数量满足施工需求;确保已经对加工厂作业工人进行了安全技术交底和培训考核,工人能够满足加工进度要求;确保特种作业人员均持证上岗。

②格栅钢架加工。

格栅钢架内外保护层厚度均为40mm,主筋采用$\phi22mm$,箍筋采用$\phi10mm$,箍筋间距为260~290mm,架立筋采用$\phi14mm$,每榀钢架由4段拼装而成,各分段断面焊接角钢∠125mm×80mm×10mm,并开4个$\phi26mm$螺栓孔,通过M24螺栓连接相邻分段。格栅钢架连接示意图见图3-34。

加工厂技术人员应按设计图放样,放样时应根据工艺要求预留焊接收缩余量及切割、刨边的加工余量,确定加工型号、规格、几何尺寸,使其形状能与开挖断面相适应,且尺寸准确、弧形圆顺。

钢架支护断面内轮廓尺寸可根据隧道实际开挖轮廓进行加工,加工的内轮廓曲线半径不应小于设计钢架的内轮廓曲线半径。钢架可根据设计尺寸和台阶高度确定阶段长度,进行分节段制作并进行编号,注明安装位置。

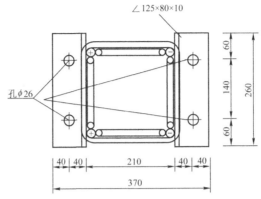

图3-34 格栅钢架连接示意图(尺寸单位:mm)

加工时须严格进行焊前及焊缝检查:焊接材料均应附有质量证明书,并应符合设计文件的要求和国家标准规定;禁止使用有锈蚀的钢材,对轻微浮锈油污等应清除干净并应对焊点进行防锈处理;焊制前进行焊工摸底试焊,按照手工电弧焊规范经考试合格评定焊接等级,并按规范选用焊接电流、电压、引弧速度等,要求供电质量稳定。施焊前,焊工应复查组装质量及焊缝区的处理情况,如不符合要求,应修整合格后才能施焊。焊接完毕后应清除熔砟及金属飞溅物。不允许出现漏焊和假焊等现象。格栅钢架布置图见图3-35。

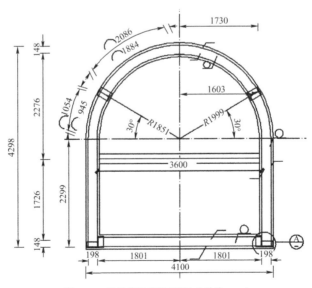

图3-35 格栅钢架布置图(尺寸单位:mm)

③钢架试拼。

第一榀钢架成型后检查各个阶段的角度、尺寸,并进行整体试拼,经检查合格后方可大量生产。其允许误差为:沿隧道周边轮廓误差为±3cm。钢架由拱部、边墙各单元钢构件拼装而成。各单元用螺栓连接。螺栓孔眼中心间距公差不超过±0.5mm。钢架平放时,平面翘曲应小于±2cm。

钢架加工完成后,按照规格分类存放在专用台座上,离地高度不小于30cm,每个台座上或每个阶段上都应分类标识,标志牌信息准确、更新及时。在堆放和运送过程中,为使钢架不变形,应轻拿轻放,不能乱扔或用重物敲打。

④钢架安装。

a.放线定位;

b.清理开挖面,使钢架安装基面尽量平整;

c.开挖基脚部位为保证钢架置于稳固的地基上而预留的0.15~0.20m原地基,挖槽就位,清除干净底脚处浮渣;

d.应按设计位置安设格栅钢架,在安设过程中当钢架和初喷层之间有较大间隙时应设混凝土垫块;

e.检查钢架安放位置是否符合设计要求,钢架平面应垂直于隧道中线,其倾斜度不大于2°,钢架的任何部位偏离铅垂面不应大于5cm;

f.待锁脚锚管施工完毕,确认钢架安装符合设计要求后,将钢架与锁脚钢管焊接在一起,并安设ϕ22mm纵向连接钢筋,增强钢架的整体稳定性;

g.钢架架立后尽快施作喷射混凝土,并将钢架全部覆盖,使钢架与喷混凝土共同受力,其中垫块位置应注意用混凝土喷实,使钢架切实受力。

⑤成品检查。

焊接操作必须规范进行,连接钢板、连接筋、锁脚锚杆要焊接牢固,焊缝饱满。焊缝的长度、宽度、厚度均要满足设计要求;钢架安装垂直度满足要求,安装过程中检查钢架的倾斜度,若发现不符合要求,应校正钢架到正确位置后,及时用纵向连接筋和相邻钢架连接牢固。

⑥注意事项。

a.注意防止开挖等机械设备对已支护好钢架进行碰撞和冲击,造成钢架损坏;

b.钢架安装完成前,不得擅自拆除临时支撑,钢架拱脚必须放在牢固地基上,清除虚渣及杂物,拱脚超挖部分采用喷射混凝土填充;

c.安装过程中,发现支护变形,及时反馈并采取有效加固措施;

d.施工时,当格栅钢架变形较大及影响隧道安全时,必须架设Ⅰ18临时横撑,若格栅钢架墙脚有出现不稳的情况,可根据实际需要增设锁脚锚杆或加大喷混凝土厚度等有效措施,保证格栅钢架的稳定性,当险情危急时,将人员、机械撤出未签区域;

e.钢架加工及拼装时,应保证现场作业环境符合安全施工条件,人员均持证上岗,并均接受过安全技术交底,各项操作均符合规程。

(4)锚杆。

钢架架设后立即施工锚杆,施工工艺流程如图3-36所示,锚杆断面示意图如图3-37所示。

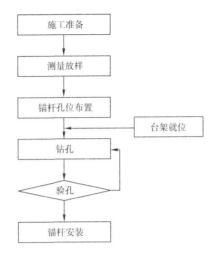

图 3-36 锚杆施工工艺流程

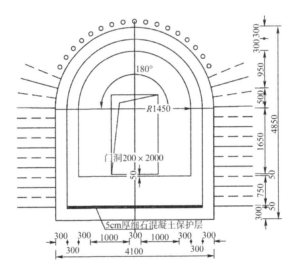

图 3-37 锚杆断面示意图(尺寸单位:mm)

①锁脚锚杆。

锚杆施工应符合下列规定:

a.钢架架立后及时进行锚管施工,钻孔前根据设计要求定出孔位、做出标记;钻孔孔位、孔深、孔径及下插角度等应符合设计要求,孔径应大于钢管直径。

b.锚管安装前应将孔内沉渣用高压风清理干净。

c.锚管注浆采用水泥浆。

d.锚管安装后及时注浆,注浆必须饱满密实。

e.注浆完成后使用U形卡筋将锚管与钢架焊接牢固。

②中空注浆锚杆。

注浆锚杆施工应在初喷混凝土后进行,以保证锚杆垫板有较平整的基面,并符合下列规定：

a.锚杆钻孔前应根据设计要求定出孔位、做出标记,见图3-38;钻孔孔位、孔深和孔径等应符合设计要求,允许偏差为:孔位±150mm,孔深±50mm;孔径应大于杆体直径15mm;锚杆插入长度不得小于设计长度的95%。

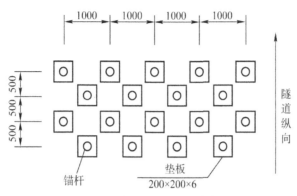

图3-38 锚杆布置示意图(尺寸单位:mm)

b.锚杆安装前应将孔内清洗干净,安装作业应及时进行,并必须加垫板,垫板应与喷层面紧贴。

c.锚杆用的水泥浆。

d.灌浆管应插至距孔底5~10cm处,并随水泥浆的注入缓慢匀速拔出,灌浆压力为0.5~1MPa。

3.5.2 联络通道结构及防水

1)防水施工

联络通道防水内容有5项,一是通道拱墙防水,二是通道与隧道管片接触部位防水,三是注浆防水,四是施工缝止水,五是穿墙管件防水。

(1)通道拱墙防水。

通道拱墙防水材料是重量大于或等于400g/m²土工布、聚氯乙烯(PVC)防水板,在初次衬砌基面验收合格后才进行联络通道主体结构防水施工。

①基底清理。

a.敷设防水层的基面应平整,在敷设防水卷材前应进行基层处理,采用水泥砂浆抹面的方法,基面上不得有尖锐的毛刺部位,避免浇筑混凝土时刺破防水卷材。

b.基层面不得有铁管、钢管、铁丝等凸出物存在,否则应从根部割除,并在割除部位用水泥砂浆覆盖处理。分段敷设防水卷材前,在敷设防水卷材的基层面上不得有明水,否则应采取堵漏的方法将水堵住后才可进行下道工序的施工。

②防水板施工。

a.铺设土工布。

复合式衬砌柔性全包防水层采用塑料防水板,并在防水板与初次衬砌之间设置重量大于或等于400g/m²的土工布缓冲层,土工布使用热熔暗钉固定在基面上,热熔暗钉材质必须与防水板相匹配,质量符合要求,避免出现防水板与暗钉无法焊接的问题。在侧墙与拱顶相接处加密暗钉,每隔500mm设置一枚暗钉。底板防水层上表面还要设置一层50mm厚的C20细石混凝土保护层。

b.防水板铺设。

卷材防水层铺装在混凝土施工前进行,根据隧道二次衬砌混凝土施工工艺,防水板铺设分底板防水层铺设和侧墙及顶拱防水板铺设。

底板防水板沿联络通道方向纵幅铺设,两边高出铺底混凝土高度并超过预留侧墙钢筋30cm高,以便在与侧墙防水层焊接时便于热熔焊机操作。

侧墙及顶拱防水卷材沿联络通道环向铺设,与底板防水板接缝顺向压茬,下铺压上铺。

如防水板铺设完成后在施工中损坏,可用根据破损大小割取同材质的防水板覆盖焊接,并保证搭接长度不小于10cm。

拱墙防水层施工使用简易脚手架工作平台,用于防水板铺设和钢筋安装。

(2)通道与隧道管片接触部位防水。

通道与隧道管片采用预埋遇水膨胀止水胶和预埋注浆嘴止水,在管片与联络通道背后注入普通水泥浆,具体见图3-39。

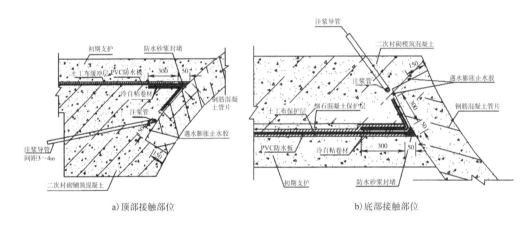

图3-39 盾构法隧道与联络通道接口防水示意图

(3)注浆防水。

预先设置注浆钢管,对漏水部位进行补充注浆,衬砌拱顶应采取初次衬砌后注浆和二次衬砌后补充注浆。注浆管设置纵向间距为3m。

(4)施工缝防水。

水平施工缝采用镀锌钢板止水带止水,环向施工缝采用钢边橡胶止水带止水,并在两道施工缝间迎水面设置加强防水层的方法进行加强防水。施工缝防水如图3-40~图3-42所示。

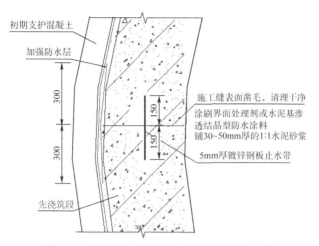

图 3-40 水平向施工缝防水构造图(尺寸单位:mm)

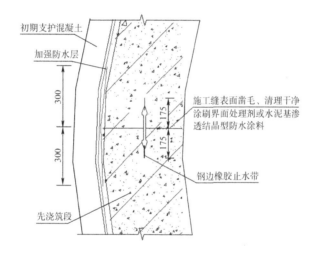

图 3-41 垂直向施工缝防水构造图(尺寸单位:mm)

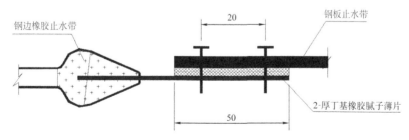

图 3-42 镀锌钢板止水带与钢边橡胶止水带连接大样(尺寸单位:mm)

(5)穿墙管件防水。

联络通道主体结构上需预埋注浆管及排水管,穿墙管件位置采用止水条＋止水法兰＋PVC防水板(加强层)＋密封胶的方式进行防水,如图3-43所示。

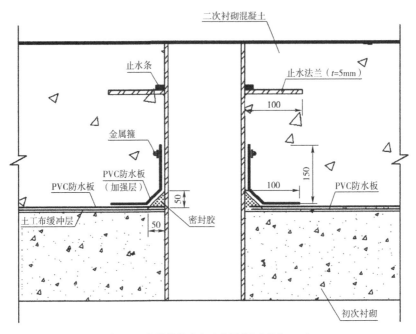

图 3-43 穿墙管件防水示意图(尺寸单位:mm)

(6)防水施工成品保护。

底板防水板施工完毕后,应及时浇筑防水保护层,浇筑之前尽量避免在防水板上作业,如必须作业,用模板将防水板盖好,防止损坏。侧墙及拱顶防水板铺设完毕后应避免钢筋等尖锐物与之接触,以免刺穿。焊接时应用模板等保护,避免烧坏。

遇水膨胀止水胶安装前应确保作业面无水渍、明水。安装时,应与管片粘贴牢固,避免掉落。安装完毕后避免触碰。

预埋注浆管安装后浇筑混凝土前应将注浆口保护好,防止混凝土堵塞注浆口。施工缝凿毛清理后应保证清洁,施工中保护好止水带、止水条,避免破损。

2)二次衬砌施工

(1)钢筋工程。

本区间联络通道钢筋制安量不大,涉及钢筋品种也不多,根据现场条件及设计要求,拟在项目部场地内设置钢筋加工厂,进行钢筋加工制作。为保证钢筋接头的连接质量,并基于保护防水层的考虑,钢筋接头尽可能在加工场内连接;对于必须在现场连接的,可根据现场条件采用焊接和人工绑扎相结合来施工。

钢筋外侧和内侧净保护层厚度均为35mm;钢筋的连接采用绑扎、机械连接或焊接,HPB300级钢筋、Q235钢的焊接采用E43系列型焊条,HRB400、HRB400E级钢筋的焊接采用E50系列型焊条。

钢筋先绑扎底板钢筋(预留出与边墙钢筋的连接筋),后绑扎拱墙钢筋。底板钢筋施工时先铺设底层钢筋,后绑扎顶层钢筋,两层钢筋之间用架立筋支撑,以防浇筑混凝土时顶层钢筋塌陷。2号联络通道配筋示意图见图3-44,详细钢筋绑扎见设计图。拱墙钢筋先绑扎外圈钢筋,再绑扎内圈钢筋。绑扎拱墙钢筋时,搭设简易作业平台。

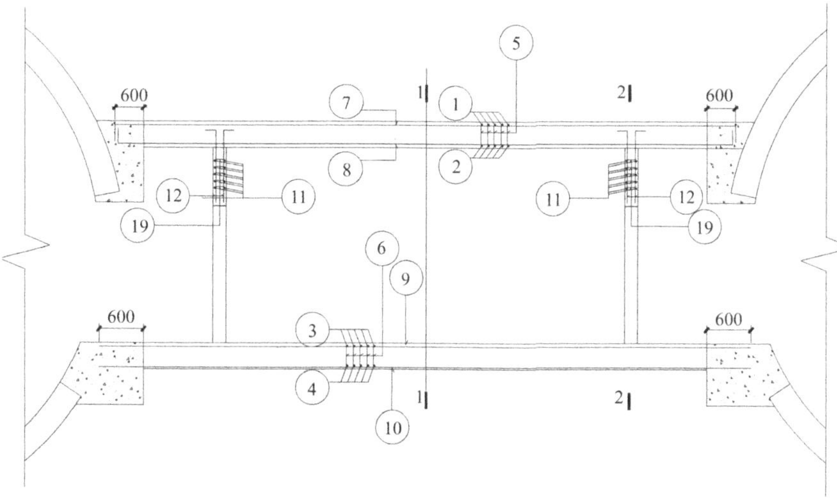

图3-44 2号联络通道配筋示意图(尺寸单位:mm)

钢筋连接应满足以下要求:

①根据规范要求可采用绑扎搭接、机械连接或焊接。当受拉钢筋直径大于25mm、受压钢筋直径大于28mm时,不宜采用绑扎搭接。

②绑扎搭接:相邻纵向受力钢筋的绑扎搭接接头宜互相错开。钢筋绑扎搭接接头连接区段的长度为1.3倍搭接长度,凡搭接接头中点位于该连接区段长度内的搭接接头均属于同一连接区段,钢筋连接区段为$35d$(d为钢筋直径),位于同一连接区段内的受拉钢筋接头面积百分率不得大于50%。

③焊接:钢筋的焊接长度,单面焊接取$10d$,双面焊接取$5d$(焊缝厚度不应小于主筋直径的30%;焊缝宽度b不应小于主筋直径的80%)。焊缝宽度及高度、接头形式、焊接工艺、质量要求及验收等应符合《混凝土结构工程施工质量验收规范》(GB 50204—2015)、《钢筋焊接及验收规程》(JGJ 18—2012)等国家有关质量标准,并经现场试验合格后方可使用。相邻纵向受力钢筋的焊接接头宜互相错开。位于同一连接区段内的受拉钢筋接头面积百分率不应大于50%。钢筋焊接时应注意对防水层的保护。

④机械连接:当钢筋采用机械连接时,钢筋的机械连接优先采用等强直螺纹机械连接,并严格按国家相应的规范要求施工。在施工中采用的钢筋接驳器必须是经有关部门批准认可、符合有关技术规程规定的产品,并经过现场试验合格后方可采用。纵向受力钢筋的机械连接接头宜相互错开,钢筋机械连接区段的长度为$35l$(l为连接钢筋的较小直径)。当接头率为100%时,必须采用Ⅰ级接驳器;当接头率为50%时,可采用Ⅱ级接驳器。

(2)模板工程。

①模板支架设计。

模板支架采用木模板+扣件式支架。

a. 模板。

1号联络通道模板系统采用2400mm×1200mm×15mm木模板进行切割组合。

b. 支架。

采用ϕ48mm×3.6mm扣件式支架,横距、纵距均为0.6m,步距为0.9m,主楞采用10号热轧槽钢,次楞采用100mm×100mm方木。洞门支架、内部段支架断面图分别见图3-45、图3-46。

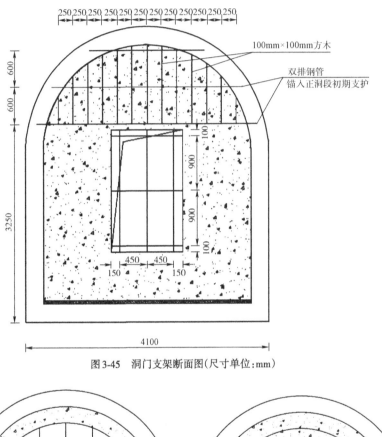

图3-45 洞门支架断面图(尺寸单位:mm)

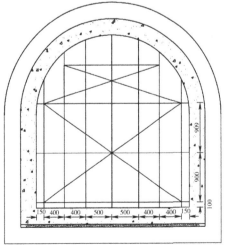 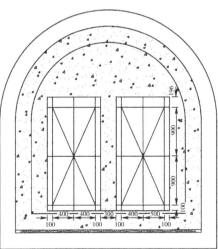

图3-46 内部段支架断面图(尺寸单位:mm)

②支架搭设与拆除。

a.立杆。

(a)为满足立杆基础的验算需要,落地式支架立杆下落到混凝土初期支护的实处。

(b)立杆脚部设置横纵向扫地杆,纵向扫地杆应采用十字扣件固定距底座上方不大于350mm处,横向扫地杆亦应采用十字扣件固定在紧靠扫地杆下方的立杆上。

(c)相邻立杆的对接扣件不得在同一高度处,应交错布置,两根相邻立杆的接头不应设置在同一步距内,同一步距内隔一根立杆的相隔接头在高度方向错开的距离不宜小于500mm,各接头中心主节点的距离不宜大于500mm,各接头中心主节点的距离不宜大于步距的1/3。

b.纵向水平杆。

(a)纵向水平杆应设于立杆内侧,其长度不小于3跨,且不小于6m。

(b)纵向水平杆接长采用对接扣件连接或碗扣件连接,如采用对接扣件则应交错布置,两根相邻纵向水平杆的接头不宜设置在同一步距或跨内;不同步或不同跨的两个相邻接头在水平方向错开的距离不小于500mm,各接头中心至最近主节点的距离不大于纵距的1/3。

(c)纵向水平杆作为横向水平杆支座,用十字扣件固定在立杆上。

(d)支架的同一步中,纵向水平杆应四周交叉用十字扣件与内外角部立杆固定。

c.横向水平杆。

(a)主接点处必须设置一根横向水平杆,用直角扣件连接,且严禁拆除;主接点处两个直角扣件的中心距不应大于150mm。

(b)横向水平杆两端均应用十字扣件固定在纵向水平杆上。

d.剪刀撑。

支架外侧立面及纵向每排支架外侧在整个长度和宽度上应连续设置剪刀撑,每道剪刀撑应连接不少于5根立杆,与地面的夹角为45°~60°;剪刀撑采用搭接方式连接,且搭接长度不小于1m,等间距设置3个旋转扣件固定,端部扣件盖板边缘与主搭接杆端距离不小于100mm。按照《建筑施工模板安全技术规范》(JGJ 162—2008)要求布设剪刀撑。

e.扣件安装。

(a)扣件规格必须与钢管外径(ϕ48mm)相同。

(b)螺栓拧紧力矩不应小于40N·m,且不应大于65N·m。

(c)主节点扣件中心点的相互距离不应大于150mm。

(d)对接扣件开口应朝上或朝内。

(e)各杆件端头伸出扣件盖板边缘的长度不应小于100mm。

f.上托、撑托。

上托、撑托安放在立杆的上端及侧墙内侧,可上下、左右调节到合适的高度,当其伸出长度超过400mm时,应采取可靠措施固定。

g.支架搭设质量要求。

支架搭设的基本要求是:横平竖直、整齐清晰、图形一致、连接牢固,受荷安全不变形。

(a)立杆垂直偏差:偏心距不大于25mm。

(b)水平杆的水平偏差:纵向水平杆的水平偏差不大于30mm;横向水平杆的水平偏差不大于30mm。

(c)支架的步距:主杆横距偏差不大于25mm。

(d)扣件紧扣力矩:在45~55N·m之间,不得小于45N·m或大于55N·m。

h.支架拆除技术要求。

(a)检查支架连接支撑体系是否符合安全要求。

(b)清除支架上的杂物及障碍。

(c)拆除作业必须由上至下逐层进行,严禁上下同时进行。

(d)当支架采取分段、分块拆除时,对不拆除的支架两端,应用横向斜撑进行加固。

(e)梁下立杆拆除时应从跨中向两端对称拆除。

(f)当顶板混凝土未达到100%以前,不允许拆除中板下支撑。

(g)拆除的构件应用吊具吊下或人工递下,严禁抛掷。

(h)运至地面的构配件按规范要求及时检查整修保养,并按品种、规格随时码堆存放。

(i)拆除脚手架时设围栏和警戒标志,并派专人看守,严禁非拆除操作人员入内。

③模板安装与拆除。

a.安装模板时,高度在2m及以上时,应遵守高处作业安全技术规范的有关规定。

b.模板应具有足够的强度、刚度和稳定性,能可靠地承受浇捣混凝土的重量和侧压力,以及施工中所产生的荷载。

c.模板应构造简单,装拆方便,并便于钢筋的绑扎与安装,以及混凝土的浇筑和养护等工艺要求。

d.模板接缝应严密,不得漏浆。

e.层高超过4m的建筑物安装模板时,外脚手架应随同搭设,并满铺脚踏板、张挂安全网和防护栏杆。脚手架应设置人行斜道。在临街及交通要道地区,应设警示牌,并设专人监护,严防伤及行人。

f.施工人员上下班应走安全通道,严禁攀登模板、支撑杆件等上下,也不得在墙顶独立梁或在其模板上行走。

g.模板的预留孔洞等处,应加盖或设防护栏杆,防止操作人员或物体坠落伤人。

h.不得将模板支撑架支承在外脚手架上,也不得将脚手板支搭在模板上,应将模板及支撑架与脚手架分开。

i.在高处支模时,脚手架或工作台上临时堆放的模板不宜超过3层,所堆放和施工操作人员的总荷载,不得超过脚手架或工作台的规定荷载值。

j.柱模板的下端应预留清扫口,并采取防止模板位移的固定措施。

k.模板及其支撑等的排列布置应按设计图进行,柱箍或紧固木楞的规格,间距应按模板设计计算确定。

l.安装预拼装大块模板,应同时安设临时支撑支稳,严禁将大片模板系于柱子钢筋上,待四周侧板全部就位后,应随时进行校正,并紧固4个角步,按规定设柱,箍或紧固木楞,安设支撑永久固定。

m.板上下层模板的支柱,应安装在同一垂直中心线上,在已拆模板的板面上支模时,必须验算该板结构的负荷能力。

n.模板必须支撑牢固、稳定,无松动、跑模、超标准的变形下沉等现象。

o.模板安装前,必须经过正确放样,检查无误后才立模安装。

p.模板拼缝平整严密,并采取措施填缝,保证不漏浆,模内必须干净。

q.顶板(中板)结构搭设好脚手架后铺设模板,并考虑预留沉降量。当模板跨度大于4m时,模板应起拱,起拱高度为跨度的3‰,以确保净空和限界要求。侧墙模板采用大模板,模板拼缝处内贴止水胶带,防止漏浆。

r.结构变形缝处的端头模板钉填缝板,填缝板与嵌入式止水带中心线和变形缝中心线重合并用模板固定牢固。止水带不打孔或用铁钉固定。填缝板的支撑必须牢固,确保不跑模。

s.浇筑侧墙混凝土时,采用水平分层法浇筑,每层厚度为0.3~0.5m,浇筑速度为1.5m/h以内,对称顶撑的两侧墙混凝土浇筑应对称均衡地进行,两侧墙混凝土高差应不大于0.5m。

t.顶板混凝土浇筑时,不允许拆除站台层的脚手架,必须直到顶板混凝土强度达到设计强度时,才能拆除。这是因为中板较薄,不能承受外来荷载。

④模板的拆除。

a.拆除模板时,要站在安全的地方。

b.拆除模板时,严禁用撬棍或铁锤乱砸,对拆下的大块胶合板要有人接应拿稳。模板应妥善传递放至地面,严禁抛掷。

c.拆下的支架、模板应及时拔钉,按规格堆放整齐,模板工程完成后应用吊篮降落到指定地点堆放并及时安排车辆运到仓库存放。严禁从高处抛掷模料。

d.拆除跨度较大的梁下支柱时,应先从跨中开始,分别向两端拆除。

e.对活动部件必须一次拆除,拆完后方可停歇,如中途停止,必须将动部分固定牢靠,以免发生事故。

f.水平拉撑,应先拆除上拉撑,最后拆除后一道水平拉撑。

⑤现浇柱子模板拆除。

a.拆除要从上到下,模板及支撑不得向地面抛掷。

b.应轻轻撬动模板,严禁捶击,并应随拆随按指定地点堆放。

c.严禁将拆除完的模板堆在外脚手架上。

(3)混凝土工程。

①二次衬砌类型。

联络通道采用复合式衬砌结构,二次衬砌采用C35、P10防水钢筋混凝土。

②二次衬砌防水混凝土施工工艺。

为确保防水混凝土质量,将从以下几个方面采取有效措施:

a.混凝土拌和。

按照招标要求,应采用工厂拌和的商品混凝土,掺加外加剂时,根据外加剂的技术要求确定搅拌时间。

b.混凝土运输。

混凝土在运输过程中,要防止产生离析现象及坍落度损失(对坍落度的损失控制在1cm以内),同时要防止漏浆。

c.混凝土的浇筑。

本联络通道混凝土浇筑按施工顺序分批浇筑,具体分为洞门段侧墙及拱顶、标准段底板、侧墙、拱顶。浇筑时,采用钢管脚手架配合木模板进行混凝土浇筑。底板混凝土采用拖泵直接浇筑,侧墙混凝土采用拖泵将混凝土输送至顶部模板开口位置,见图3-47。

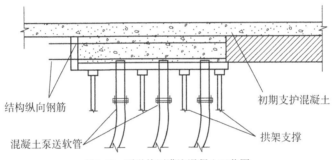

图3-47 泵送挤压灌注混凝土工艺图

注意,模板要安装牢固,尤其是挡头板,不能出现跑模现象;混凝土挡头板要做到模缝严密,避免出现水泥浆漏失现象且达到表面规则平整。每次衬砌完成后,要及时对模板支架体系进行修整,模板内的油污、泥土等杂物要清理干净,模板上刷涂脱膜剂,以备下次使用。

混凝土采用输送泵泵送入模,坍落度为180mm±20mm。考虑到区间较长,在进行二次衬砌施工时,为确保混凝土质量,采用电动四轮车水平运输至联络通道位置,再采用拖泵进行泵送。混凝土泵送入模时,须水平均匀入模,分层浇筑、分层振捣,层厚不超过400mm,相邻两层浇筑时间间隔不超过1.5h,以确保上下层混凝土在初凝前结合好,不形成施工缝。垂直控制其自由下落高度,当自由下落高度超过2m时,应使用串筒、溜槽或在浇注面接一段水平导管。

模板支架验收后,开始混凝土浇筑。浇筑混凝土时,按照模板上设置的灌注孔顺序进行,拱顶及平顶灌注孔按间距2m布置。混凝土自落高度小于2m,浇筑时分层、均匀、对称浇筑,分层厚度不超过400mm;振捣采用插入式配合附着式振捣器振捣,附着式振捣器布置间距通过试验确定,并与模板相连。浇筑混凝土连续进行,并在拱顶埋设补偿收缩注浆管,考虑到拱顶混凝土难以灌满宜采用泵送挤压法灌注拱部混凝土,故采用泵送挤压法浇筑混凝土时须对挡头板加固并作特殊处理。

d.拆模与养生。

根据《地下铁道工程施工及验收规范》(GB 50299—2018)及本工程结构特点,当仰拱混凝土强度达到2.5MPa、拱墙混凝土强度达到设计强度的70%、平顶隧道顶板混凝土强度达到设计强度后即可拆模、养生。混凝土浇筑完毕后,应在终凝后洒水养生,每天浇水的次数以能保持混凝土表面经常处于湿润状态为准。洒水养生不少于14d。

e.拱顶混凝土浇筑的特殊要求。

对于采用暗挖法施工隧道结构的拱顶混凝土浇筑,往往会产生拱顶混凝土不密实、不满灌、漏振捣、易收缩现象,故对此部位的混凝土施工除在混凝土性能上减少其收缩率以外,还需对其灌注工艺作特殊要求,根据工程经验,拱顶混凝土的浇筑宜采用加强封堵板泵送挤压浇筑混凝土施工工艺。

选择具有足够刚度的拱顶施工模板支撑体系,保证在一定压力下模板支撑不失稳。

设计具有能承受一定挤压的挡头模板,采用结构纵向钢筋作为拉杆加固挡头板,钢筋与模板体连接采用倒楔形螺杆锚固结构。

浇筑混凝土时,先从新旧混凝土接面处开始均匀分布浇筑,最后在单元体中间位置进行挤压泵送浇筑,待混凝土自挡头板挤出浆来时,稳压持续几分钟,观察混凝土是否灌满。如稳定压力不能再浇筑时,说明拱顶已灌满;若稳定压力仍能灌入,则应稳压持续到不能灌入为止。

在拱顶最高位置贴近初期支护面布设二次衬砌混凝土背后补偿注浆管,一是检查混凝土灌满程度,二是待混凝土达到一定强度后注浆,以补偿混凝土因收缩或未灌满造成的拱顶空隙。

3.6 矿山法联络通道施工监测

3.6.1 施工监测设计

联络通道的施工监测范围应至少符合下列要求:①地面及周围建构筑物和管线变形监测范围应不小于以联络通道中心为圆心、半径为20m的范围;②隧道管片和周边环境的监测范围不应小于联络通道埋深的1.5倍;③监测范围取上述两者中范围大者。暗挖施工监控量测见表3-7、见图3-48~图3-51。

暗挖施工监控量测表　　　　表3-7

序号	监测项目	监测方法与仪表	监测范围	测点间距	测试精度	控制标准（极限值）	量测频率
1	洞内、外观察	现场观察地质预报	开挖工作面,初期支护完成区、内衬完成区、洞口及地表	随时进行		1.开挖面围岩的自立性; 2.支护、衬砌的变形、开裂等情况; 3.岩土类别的核对	开挖后立即进行
2	隧道周围地表沉降	经纬仪水准仪	具体见施工图		1mm	普通段:30mm,2mm/d 过管线段:15mm,1mm/d	1d

续上表

序号	监测项目	监测方法与仪表	监测范围	测点间距	测试精度	控制标准(极限值)	量测频率
3	净空变化	收敛计	每导洞一条	通道内3个	0.1mm	20mm,1mm/d	1d
4	拱顶下沉	水准仪钢尺	每导洞一条	通道内3个	1mm	普通段:30mm,2mm/d;过管线段:15mm,1mm/d	1d
5	管线监测	经纬仪水准仪	通道宽度+两侧各3倍埋深范围的管线上方布设	间距<10m	1mm	20mm,0.0025,3mm/d	1d
6	建、构筑物沉降及倾斜监测	经纬仪水准仪	通道宽度+两侧各3倍埋深范围的建、构筑物	结合地表沉降点布设建筑物四角	1mm	既有建筑物的沉降、倾斜容许值见施工规范的有关规定	1d

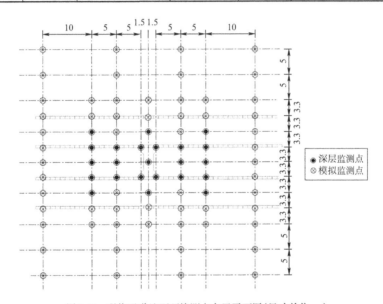

图3-48 联络通道地面环境测点布置平面图(尺寸单位:m)

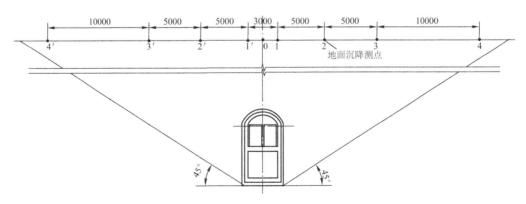

图3-49 联络通道测点布置断面图(尺寸单位:mm)

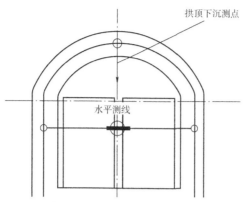

图 3-50 联络通道断面测点布置图

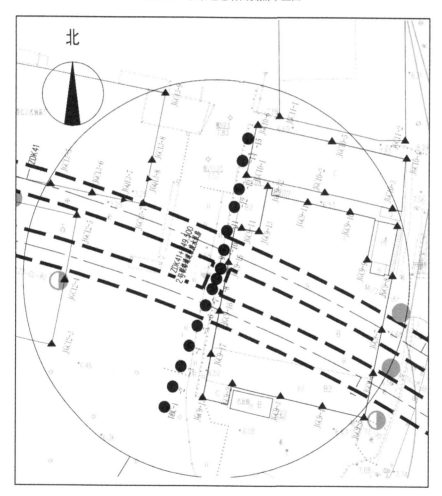

图 3-51 现场施工测点布置图

3.6.2 地层沉降监测

(1)地表沉降数据分布在+1~-5.9mm处,具体见图 3-52。

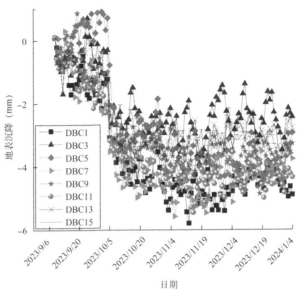

图 3-52 地表沉降变形曲线

(2) 深层土体监测。

施工期间,2号联络通道上所布置的深层沉降监测数据如图3-53所示,各层土体变形量均在5mm以内,累计沉降未超出变形预警值。

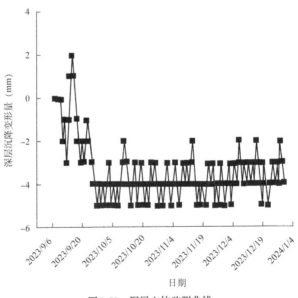

图 3-53 深层土体监测曲线

3.6.3 周边建(构)筑物变形量监测

对周边建(构)筑物变形量进行监测,数据曲线见图3-54~图3-56。

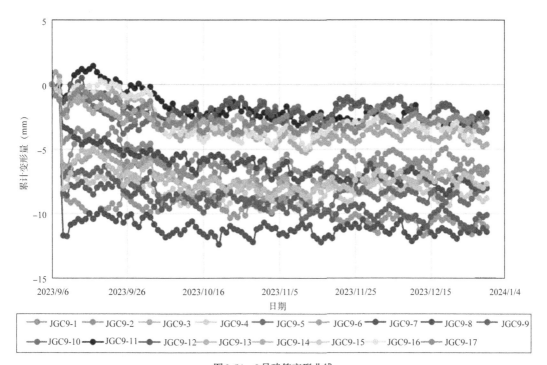

图3-54 9号建筑变形曲线

注：JGG9-x表示9号建筑的第x号监测点，后同。

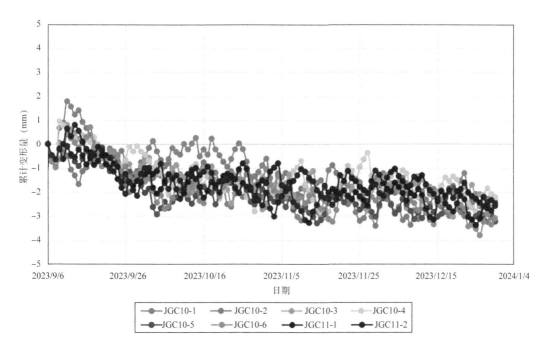

图3-55 10号建筑变形曲线

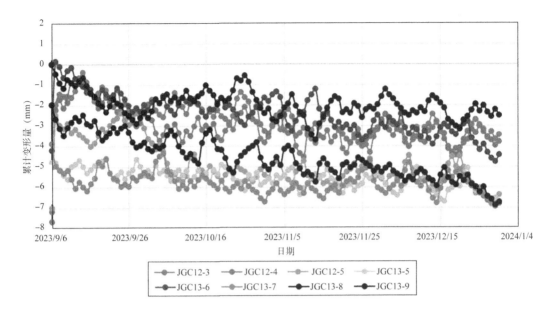

图 3-56 12号、13号建筑变形曲线

3.6.4 主线隧道监测

对联络通道的主线隧道进行监测,具体数据见图3-57~图3-63。

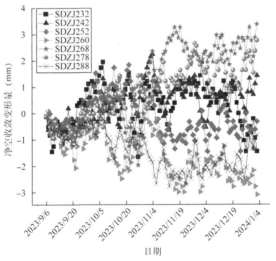

图 3-57 左线隧道净空收敛变形量曲线

注:SDZJx表示第x号监测点,后同。

3 注浆法加固联络通道建造技术

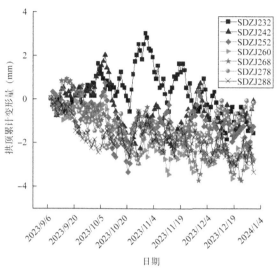

图 3-58 左线隧道拱顶变形量曲线

注:SDZx 表示第 x 号监测点,后同。

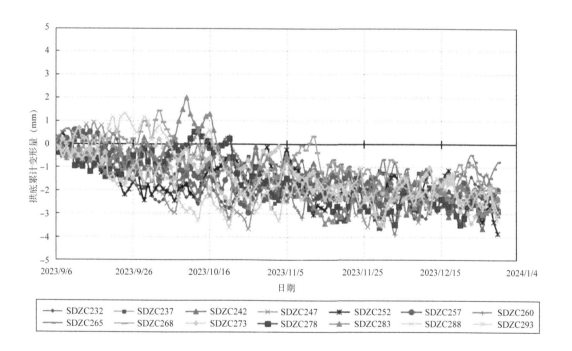

图 3-59 左线隧道拱底变形量曲线

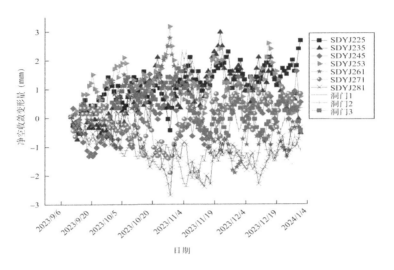

图 3-60　右线隧道净空收敛变形量曲线

注：SDYJx 表示第 x 号监测点，后同。

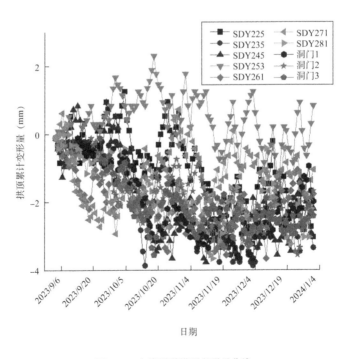

图 3-61　右线隧道拱顶变形量曲线

3 注浆法加固联络通道建造技术

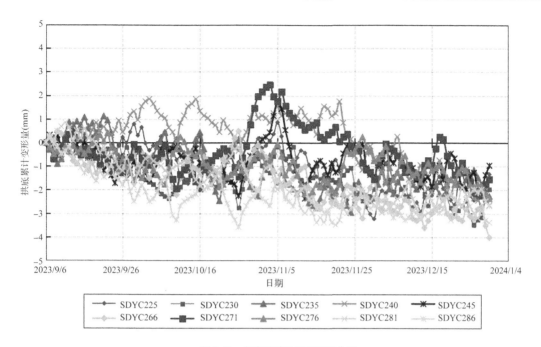

图3-62 右线隧道拱底变形量曲线

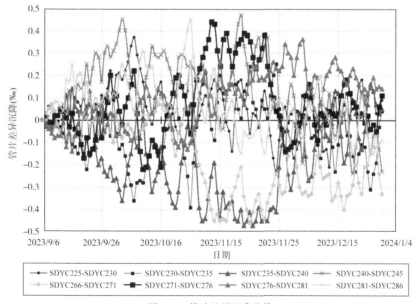

图3-63 管片差异沉降曲线

3.7 本章小结

(1)在强风化混合花岗岩地层中采用注浆法加固+矿山法开挖施工联络通道是可行的,施工后最大变形控制在5mm以内,加固后地层稳固效果较好。

(2)联络通道与主线隧道的接口部位是施工的薄弱部位,施工前主线隧道内的支撑加固保护和防护门是施工重要的安全保障,破除洞门前应做好注浆加固和掌子面地质确认。

(3)初期支护是施工的重要保障,应配合开挖作业及时进行,尽早封闭成环,严格进行工序质量验收,严禁背后脱空,坚持"管超前、严注浆、短开挖、强支护、快封闭、勤测量"的"十八字方针"。

4 冻结法联络通道建造关键技术

4.1 概述

根据工程地质条件及其他施工条件,在富水软弱土层中进行联络通道施工风险及难度较大,"隧道内钻孔,冻结临时加固土体,矿山法暗挖构筑"是目前相对成熟且安全的施工工艺。本章依托广州地铁12号线在富水软弱土层(淤泥质土和淤泥质中粗砂)采用冻结法施工实践,详细阐述了冻结设计、冻结施工、矿山法开挖与构筑、冻结法施工监测等内容。

4.2 地层冻结设计

4.2.1 冷冻壁设计

以仑头站—官洲站区间2号联络通道为例进行介绍。2号联络通道均采用盐水循环冻结设备进行冻结作业,联络通道设计冻结帷幕厚2.5m,布置冻结孔124个,见图4-1、图4-2、表4-1。

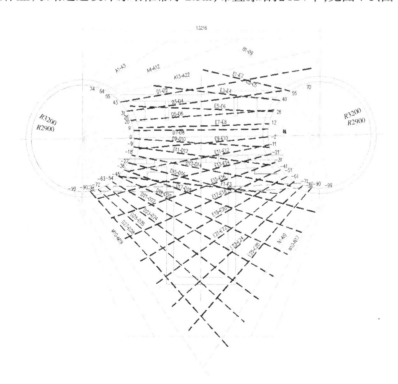

图4-1 冷冻断面示意图(一)(尺寸单位:mm)

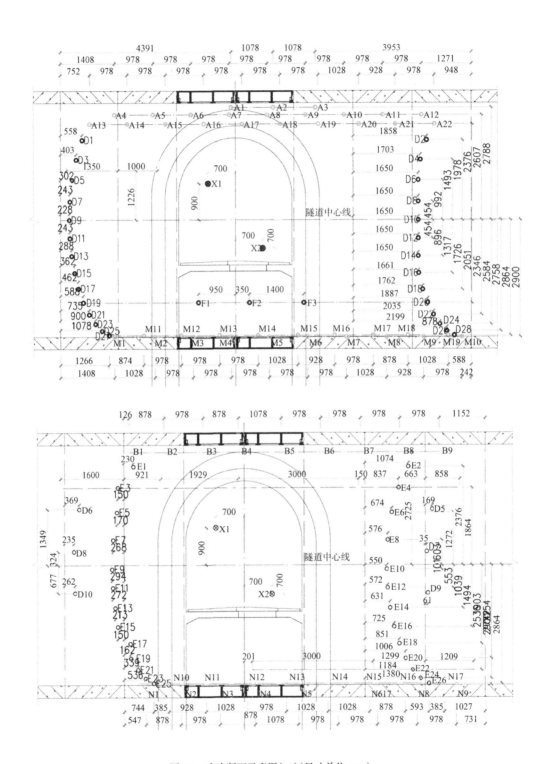

图 4-2 冷冻断面示意图(二)(尺寸单位:mm)

区间联络通道(泵站)冻结主要设计参数　　　表4-1

序号	参数名称	单位	数值	备注
1	冻结壁有效厚度	m	2.5	
2	冻结壁平均温度	℃	≤-13	冻结壁与管片交界面平均温度小于或等于-5℃
3	冻结帷幕胶圈时间	d	23~28	
4	积极冻结时间	d	45~50	
5	设计最低盐水温度	℃	-23~-30	
6	单孔盐水流量	m³/h	5~8	冻结7d盐水温度达-18℃以下
7	冻结管规格	mm	φ89×8	低碳钢无缝钢管
8	冻结孔个数	个	124	透孔6个
9	测温孔个数	个	9	管材同冻结管,浅孔φ32mm×3,深孔φ89mm×8
10	泄压孔个数	个	4	
11	冻结管总长度	m	1228.015	
12	测温孔总长度	m	49.054	
13	冻结总需冷量	万kcal/h	13.388	工况条件

4.2.2　冻结壁承载力验算

1)有限元法验算

(1)设计计算参数。

2号联络通道兼废水泵房厚度大于或等于2.5m,冻土平均温度低于或等于-13℃,冻结壁与隧道管片交界面处温度低于或等于-8℃。

设计取-13℃冻土的弹性模量和泊松比分别为120MPa和0.25,冻土强度指标为:抗压强度4.5MPa,抗折强度2.3MPa,抗剪强度1.8MPa。

冻土壁承载力验算采用许用应力法,根据《旁通道冻结法技术规程》(DG/TJ 08-902—2006)中的Ⅲ类冻结壁强度检验,安全系数取:抗压系数2.0,抗折系数3.0,抗剪系数2.0。材料参数见表4-2。

材料参数　　　表4-2

项目	密度(kg/m³)	弹性模量(MPa)	泊松比
冻土(-10℃)	1850	120	0.25
第一层土	1920	17.5	0.30
第二层土	1880	80.0	0.30
第三层土	2390	100.0	0.29
初次衬砌结构	2500	32.5×10³	0.20
二次衬砌结构	2500	32.5×10³	0.20

(2)模型建立。

联络通道及废水泵房冻结壁力学分析采用均质线弹性三维模型,考虑结构埋深较大,初始地应力产生的变形对冻结壁影响较大,故采用中间未冻土开挖模拟的方式进行计算。根据施工工艺流程,联络通道结构施工完毕后,再开挖废水泵房。冻土力学特性参数取冻结壁平均温度下的冻土力学特性值。根据结构对称性,取结构的1/4作为计算模型(图4-3)。

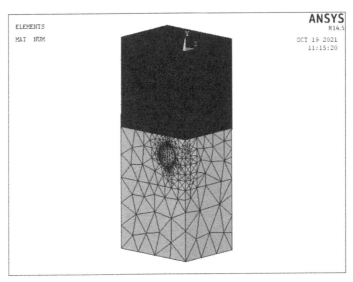

图4-3 联络通道冻结壁有限元计算模型

(3)计算结果。

采用有限元法计算,结果见图4-4。

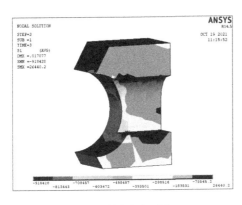 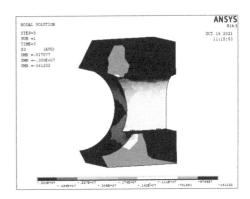

a) 水平通道弯拉应力σ_1分布　　　　b) 水平通道压应力σ_3分布

图 4-4

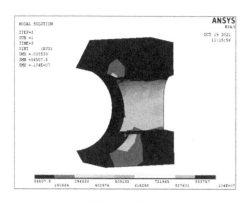

c) 水平通道剪应力τ分布

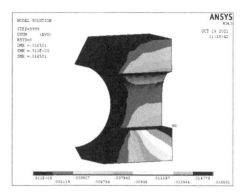

d) 水平通道位移U分布

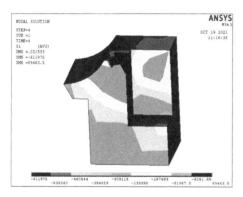

e) 废水泵房弯拉应力σ_1分布

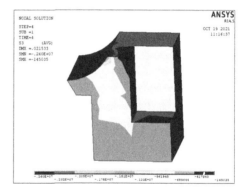

f) 废水泵房压应力σ_3分布

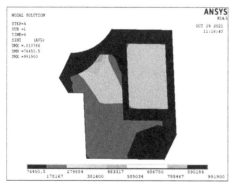

g) 废水泵房剪应力τ分布

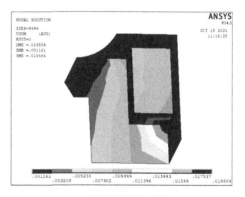

h) 废水泵房位移U分布

图4-4 冻结壁有限元计算结果

用有限元法进行冻结壁的受力分析与变形计算,部分存在应力集中位置的现象,计算得到的冻土帷幕安全系数见表4-3。由表4-3可知,计算所得变形为弹性变形,但由于计算结果并未考虑开挖后的初次衬砌作用和未开挖部分土体的作用,因此,计算结果和实际情况相比是偏于安全的。

冻结壁应力、位移计算值及安全系数　　　　表4-3

项目		弯拉应力 σ_1 (MPa)	压应力 σ_3 (MPa)	剪应力 τ_{max} (MPa)	位移 U_{max} (mm)
计算值	联络通道	0.022	1.64	0.56	12.9
强度指标		2.0	4.0	1.5	
安全系数		90.9	2.4	2.7	
项目		弯拉应力 σ_1 (MPa)	压应力 σ_3 (MPa)	剪应力 τ_{max} (MPa)	位移 U_{max} (mm)
计算值	废水泵房位置	0.047	1.49	0.74	16.3
强度指标		2.0	4.0	1.5	
安全系数		42.6	2.7	2.0	

2）结构力学计算

（1）设计计算参数。

2号联络通道兼废水泵房厚度大于或等于2.5m，冻土平均温度低于或等于-13℃，冻结壁与隧道管片交界面处温度低于或等于-8℃。

设计取-13℃冻土的弹性模量和泊松比分别为120MPa和0.25，冻土强度指标为抗压强度4.5MPa，抗折强度2.3MPa，抗剪强度1.8MPa。

冻土壁承载力验算采用许用应力法，根据《旁通道冻结法技术规程》（DG/TJ 08-902—2006）中的Ⅲ类冻结壁强度检验，安全系数取：抗压系数2.0，抗折系数3.0，抗剪系数2.0。

冻结壁顶面所受土压力根据开挖向下变形特性按主动土压力计算，侧面承受水土侧压力，联络通道静止侧压力系数按0.45计算，土的平均重度取18.5kN/m³。

（2）计算模型。

冻结壁立面图如图4-5a）所示，喇叭口和通道正常段冻结壁分别如图4-5b）和c）所示，计算模型如图4-5d）~f）所示。

根据对称性和模型变形特征，取计算模型1/2进行计算，计算简化模型如图4-5g）~i）所示。

（3）荷载取值。

分别计算喇叭口段、通道正常段、废水泵站所受的荷载，见图4-6、表4-4。

（4）通道及泵房应力和内力计算。

①喇叭口内力。

喇叭口的弯矩、轴力、剪力和位移如图4-7所示。

4 冻结法联络通道建造关键技术

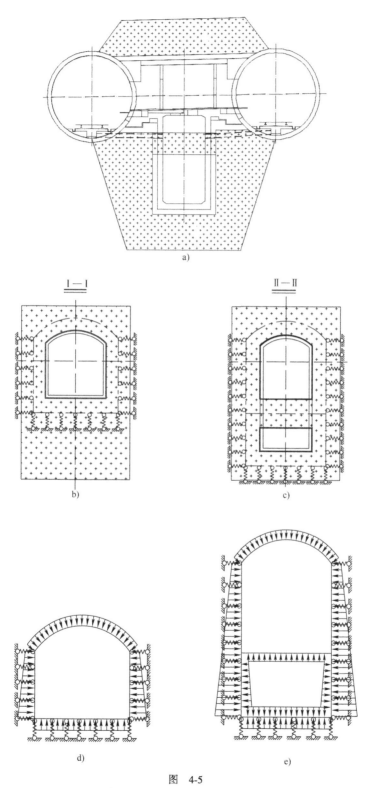

图 4-5

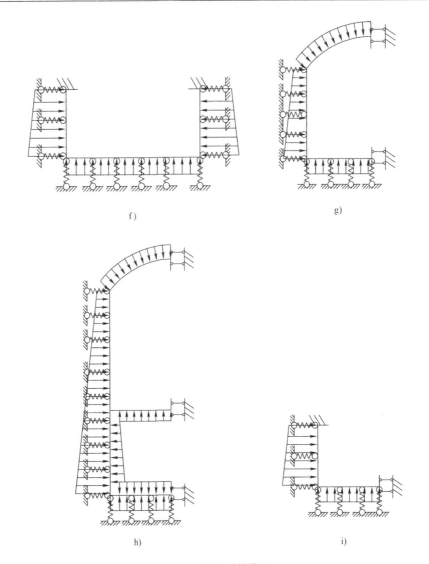

图 4-5 冻结壁计算模型

荷载取值 表 4-4

正常段断面荷载(kPa)								
HZ1	HZ2	HZ3	HZ4	HZ5	HZ6	HZ7	HZ8	HZ9
181.627	266.573	235.548	547.787	699.487	434.529	300.779	193.929	172.680

喇叭口断面荷载(kPa)				泵站断面荷载(kPa)		
HZ1	HZ2	HZ3	HZ4	HZ1	HZ2	HZ3
274.846	263.629	226.973	527.844	362.281	300.779	263.629

注:2号联络通道及废水泵房中心埋深:8.16+21.049=29.209m,地面附加荷载:20.0kPa。

4 冻结法联络通道建造关键技术

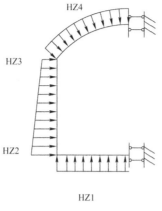

a) 喇叭口

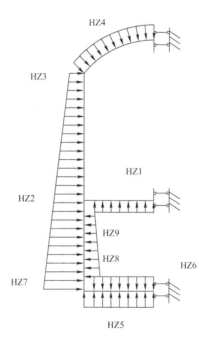

b) 正常段

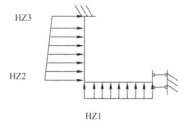

c) 泵站

图 4-6 冻结壁荷载计算简图

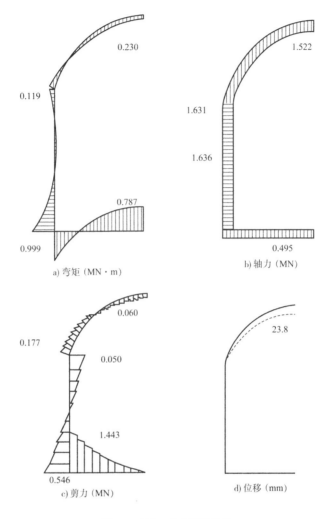

图 4-7 喇叭口内力计算结果

② 正常段内力。

正常段的弯矩、轴力、剪力和位移如图 4-8 所示。

③ 废水泵站内力。

废水泵站的弯矩、轴力、剪力和位移如图 4-9 所示。

④ 应力计算。

冻结壁应力 σ：

$$\sigma = \frac{M}{W} + \frac{N}{A} \tag{4-1}$$

式中：M——弯矩；

N——轴力；

W——冻结壁截面模量；

A——截面面积。

最大剪应力 τ_{max}：

$$\tau_{max} = 1.5 \cdot \frac{Q}{A} \tag{4-2}$$

式中：Q——截面剪力；
A——截面面积。

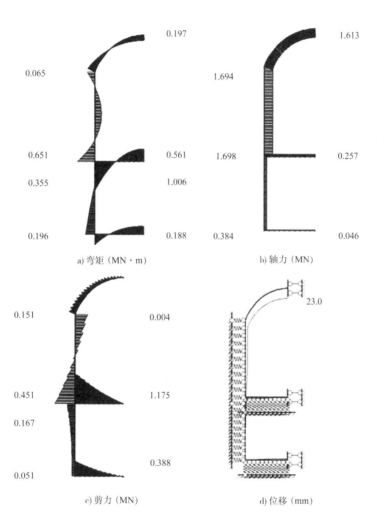

图4-8 正常段内力计算结果

对于位移计算结果，由于存在材料本身的压缩，从而产生了较大压缩量，导致最大节点位移累加，模型计算节点位移较大。而实际工况下，压缩量在开挖之初早已形成，因此，节点最大位移需扣除由于压缩量引起的位移。对于拐角部位，在模型约束条件下，杆件拐角处出现较大转角，引起杆端较大位移。

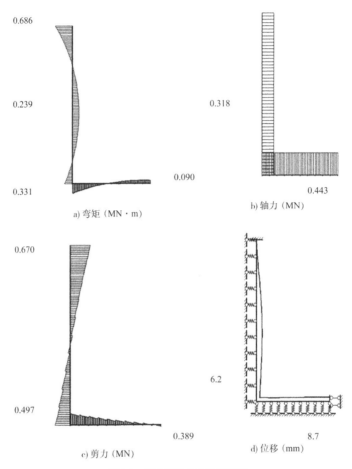

图 4-9 废水泵站内力计算结果

⑤通道及废水泵房冻结壁最大应力、位移等计算结果见表 4-5。

通道及废水泵房冻结壁弯拉应力、压应力、剪应力、位移计算值及安全系数 表 4-5

项目		弯拉应力(MPa)	压应力(MPa)	剪应力(MPa)	位移(mm)
		σ_1	σ_3	τ_{max}	U_{max}
计算值	喇叭口	0.761	1.157	0.712	23.8
强度指标		2.3	4.5	1.8	
安全系数		3.0	3.9	2.5	
项目		弯拉应力(MPa)	压应力(MPa)	剪应力(MPa)	位移(mm)
		σ_1	σ_3	τ_{max}	U_{max}
计算值	正常段	0.521	1.068	0.594	23
强度指标		2.3	4.5	1.8	
安全系数		4.4	4.2	3.0	

续上表

项目		弯拉应力(MPa) σ_1	压应力(MPa) σ_3	剪应力(MPa) τ_{max}	位移(mm) U_{max}
计算值	废水泵站位置	0.148	0.494	0.402	8.7
强度指标		2.3	4.5	1.8	
安全系数		15.5	9.1	4.5	

由计算结果可知,冻土的抗压、抗弯和抗剪强度均具备一定的安全储备,且计算没考虑随挖随支的有利影响,安全性较高。因此,总体上说,设计冻结壁能够满足承载力要求。

3)计算结论

有限元计算和经典结构力学计算两种计算方法互为补充、互为验证,综合两种计算结果,通道部分和泵站部分的冻结壁的强度和刚度都基本满足相关规范、规程的要求。虽然水平通道中间部位位移较大,喇叭口处弯折应力较大,但是水平通道中间和喇叭口处是通道段最后施工部位,在开挖时间内冻土还有一定的发展,在安全上有保证。因此,冻结壁设计参数是满足要求的。

4.2.3 制冷系统设计

制冷系统设计是对冻结设备进行选型计算,使其满足联络通道的制冷需求。选型计算主要包括两部分:一是对联络通道的冻结需冷量Q_Z进行计算;二是根据冷冻站拟布置位置与联络通道的相对距离,计算盐水干管在运输过程中的冷量损失量Q_L;冻结设备的制冷量$Q \geq Q_Z+Q_L$。

以仑头站—官洲站区间2号联络通道为例,冷冻站在隧道内布置,与联络通道的距离约为100m。

$$Q_Z=1.3\times\pi\times d\times H\times K=1.3\times3.14\times0.089\times1228\times300=13.39\times10^4 \text{kcal/h}$$

$$Q_L=q\times L=20\times100=0.2\times10^4 \text{kcal/h}$$

$$Q \geq Q_Z+Q_L=13.39\times10^4+0.2\times10^4=13.59\times10^4 \text{kcal/h}$$

式中:Q_Z——2号联络通道的冻结需冷量;

Q_L——2号联络通道盐水管路的冷量损失量;

H——2号联络通道冻结管总长度,查设计资料,取1228m;

d——冻结管直径,查设计资料,取0.089m;

K——冻结管散热系数,取300kcal/(h·m²);

L——干管长度,约等于冷冻站与联络通道的距离,取100m;

q——盐水干管每米每小时冷量损失,取20kcal/(m·h)。

即冻结站设备总制冷量需大于13.59×10^4 kcal/h。

根据计算结果,现场选用3台型号为TBSD620.1J型的冷冻机组(两用一备),单套机组的

设计工况制冷量为 $12.9×10^4$ kcal/h,满足现场联络通道施工供冷需求。

盐水循环泵选用IS150-125-315型2台(一用一备),盐水循环泵的流量为200 m^3/h,功率为30kW/h。

清水循环泵选用IS150-125-315型2台(一用一备),清水循环泵的流量为200 m^3/h,功率为30kW/h。

冷却塔选用3台,型号为KST-80。

2号联络通道冷冻设备配置见表4-6。

2号联络通道冷冻设备配置　　　　表4-6

序号	设备名称	型号规格	数量	产地	额定功率	生产能力	备注
1	冷冻机	TBSD620.1JF	3	南京	110kW	正常	两备一用
2	盐水泵	IS-150-125-315	2	上海	30kW	正常	一备一用
3	清水泵	IS-150-125-315	2	上海	30kW	正常	一备一用
4	冷却塔	KST-80	3	浙江	3kW	正常	

4.2.4　工程难点分析

综合分析仓头站—官洲站区间2号联络通道的地质及地面情况,采用冻结法加固、矿山法开挖主要存在的工程难点如下。

(1)冻结孔施工。

2号联络通道处于仓头海堤岸附近,埋深大,原始地压高。冻结孔施工过程极易产生涌水、涌砂现象;打设透孔时易出现拔空,或对侧止水措施不佳,从而引起涌水、涌砂。

(2)冻结帷幕的判断。

人工地层冻结是一个随时间变化的动态复杂过程。冻土帷幕的性状受到制冷系统运行状况、地质条件、边界散热、施工工况等诸多因素的影响。任何参数改变都会影响冻土帷幕的结构状态。因此,必须实时监测各项参数,并及时且准确收集各项参数,作为判断冻结帷幕发展的重要依据。

(3)封孔及融沉注浆。

施工结束后封孔时易发生封孔不及时,导致涌水、涌砂风险;融沉注浆不及时、质量不佳,易造成地面出现较大沉降。

4.3　冻结施工

4.3.1　冻结孔施工

冻结孔分为透孔、常规冻结孔、测温孔、泄压孔,其钻孔顺序为透孔→常规冻结孔→测温孔→泄压孔,部分孔位可以根据现场实际位置进行灵活调整。

单个冻结孔施工工艺流程如图4-10所示。

1)定位开孔及孔口管安装

根据设计图纸,在隧道内用经纬仪定好各孔位置,并根据孔位在混凝土管片和钢管片上定位开孔。

(1)混凝土管片冻结孔开孔。

一次开孔深度为250mm,孔口管缠麻丝放置至指定位置后,在孔口管附近打入4根膨胀螺栓,用环形钢板将膨胀螺栓与孔口管焊接连接,再在孔口管安装球阀、压紧装置并进行二次开孔,最后冻结管钻孔完成。混凝土管片冻结孔开孔见图4-11。

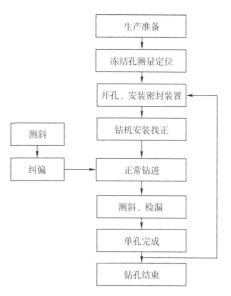

图4-10 单个冻结孔施工工艺流程

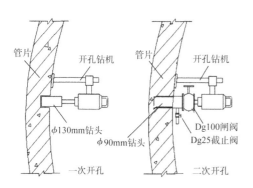

图4-11 混凝土管片冻结孔开孔

(2)钢管片冻结孔开孔。

钢管片冻结孔开孔的施工工艺流程为:孔口管放置定位,并点焊固定→钢管片与孔口管钢板焊接连接→钻孔区域格仓充填微膨胀混凝土→管片内侧焊接钢板封堵格仓→孔口管与封堵钢板焊接连接→孔口管安装球阀、压紧装置并进行二次开孔→孔口管钻孔完成。

2)孔口装置安装

用螺栓将孔口装置装在闸阀上,注意加好密封垫片。孔口密封装置示意图详见图4-12。

3)钻孔

按设计要求调整好钻机位置,并固定好,将钻头装入孔口装置内,在孔口装置上接上专用阀门,并将盘根轻压在盘根盒内,首先采用干式钻进,当钻进困难不进尺时,从钻机上进行注水钻进,同时打开小阀门,观察出水、出泥情况,利用阀门的开关控制出浆量,保证地面安全,不出现沉降。

钻孔前先打地质探孔探明管片背后地质情况,如有必要进行注浆加固。当将混凝土管片钻穿出现涌水涌泥时,及时关闭孔口管阀门,在钻孔周边注浆孔进行注浆加固,打开阀门打探孔确认无渗漏涌泥时,再进行钻孔。

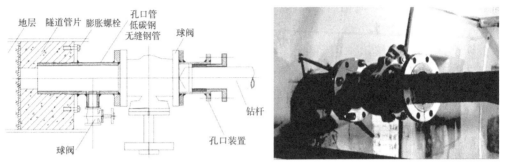

图4-12 孔口密封装置示意图

4)透孔施工注意事项

(1)总包单位、监理单位和第三方轴线复测单位应在区间联络通道施工前复测,将测量结果(通道中线、高程偏差等数据)向冻结单位进行专题交底。冻结单位应进行复测,并根据复测结果,核对冻结孔及透孔布置的位置,如需要对冻结孔进行调整,应经过设计单位确认。

(2)透孔施工前,应在上、下行线隧道的相应工作面配备应急物资、应急设备、视频监控和通信条件,并开展专项应急演练。

(3)透孔穿透对侧区间管片前,应低速慢进,并结合透孔钻孔进尺、钻孔精度及钻孔测量,对透孔接收位置进行预判;当钻穿后,应快速推进,将锥体挤入管片开孔处,形成止水密封。

4.3.2 冻结管施工

(1)应根据地层情况考虑施工工艺。2号联络通道以软土和强风化地层为主,冻结管钻进采用跟管法钻进技术,既减少了地层流出物的数量,也有利于控制地面沉降。利用冻结管作钻杆,冻结管采用丝扣连接,并辅以焊接,确保其同心度和焊接强度,冻结管到达设计深度后密封头部。

(2)钻进过程中严格监测孔斜情况,发现偏斜要及时纠偏。冻结孔偏斜精度要求为:孔深小于或等于10.0m时,最大偏斜值小于或等于150m;孔深在10.0m和20.0m之间时,最大偏斜值小于或等于200m;孔深在20.0m和30.0m之间时,最大偏斜值小于或等于250m。

(3)冻结管之间采用丝扣连接,接头螺纹紧固后再用手工电弧焊焊接,确保其同心度和焊接强度。冻结管长度不得小于设计长度。下好冻结管后,进行冻结管长度的复测,然后再用灯光测斜仪进行测斜并绘制钻孔偏斜图。

(4)冻结管施工时,应考虑不同地层冻胀压力对冻结管的影响,调整冻结管的接头位置,冻结管应避免在地层分界处连接。

(5)冻结管下入地层后必须进行试压。试验压力应为冻结工作面盐水压力的2倍,且不宜低于0.80MPa。经试压,30min压力下降不应超过0.05MPa,再延续15min压力保持不变为合格。钻孔完成后打压试漏见图4-13。

图4-13 钻孔完成后打压试漏

4.3.3 冻结站安装及运行

1)冻结站布置与设备安装

冻结站占地面积约100m²,站内设备主要包括冷冻机、盐水箱、盐水泵以及箱式变电站、清水泵和冷却塔。设备安装按设备使用说明书的要求进行。仓头站—官洲站2号联络通道冷冻站布置在左线隧道联络通道附近靠近仓头站侧,开挖方向由左线向右线开挖,向官洲站方向进行出土。冷冻站布置位置及布设示意见图4-14、图4-15。

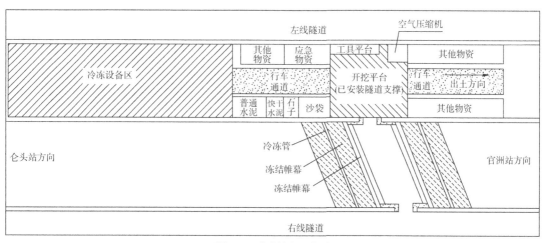

图4-14 冷冻站布置位置

图 4-15 冷冻站布设示意

2）隧道内机房管路连接、保温与仪表测试

隧道内的盐水管用管架敷设在隧道管片斜坡上，以免影响隧道通行。在盐水管路和冷却水循环管路上要设置伸缩接头、阀门和测温仪、压力表、流量传感器等测试元件。盐水管路经试漏、清洗后用橡塑材料保温，保温层厚度为50mm，保温层的外面用塑料薄膜包扎。集配液管与冻结管用高压胶管连接，每组冻结管的进出口各装阀门一个，以便控制流量。联络通道四周冻结管每4个串联成一组，其他冻结管每5~6个串联成一组，分别接入集配液管。

在冻结壁附近隧道管片内侧敷设保温层，敷设范围不得小于设计冻结壁边界外1m。保温层采用阻燃（或难燃）的软质塑料泡沫软板，导热系数不应大于0.04W/(m·h)，吸水率不应大于2%，且不得浸泡在水中。保温层厚度不应小于40mm，在5—10月间施工，保温层厚度不宜小于60mm。采用保温板材时，应采用专用胶水将保温板密贴在隧道管片上，板材之间不得有缝隙。

3）溶解氯化钙和机组充氟加油

盐水（氯化钙溶液）的密度在1.26~1.27g/cm³之间，将系统管道内充满清水，盐水箱充至一半清水，在盐水箱内（加过滤装置）溶解氯化钙，开启盐水泵，边循环边化氯化钙，直至盐水浓度达到设计要求。

机组充氟和冷冻机加油按照设备使用说明书的要求进行。首先进行制冷系统的检漏和氮气冲洗，在确保系统无渗漏后，再抽真空，充氟加油。

4.3.4 冻结壁检测与判断

盐水降温按预计降温曲线进行，严禁直接把盐水降到低温进行循环。冻结管盐水循环允许串联，冻结孔单孔流量在5~6m³/h之间时，累计串联长度不宜超过40m；积极冻结7d后，盐水温度降至-18℃以下；积极冻结15d后，盐水温度降至-24℃以下，去路、回路盐水温差不大于2℃；开挖时盐水温度降至-28℃。冻结孔单孔流量不小于5m³/h，盐水回流量不小于80m³/h。

冷冻站运转前,必须检测地层初始压力,若发现异常,应及时进行处理。如盐水温度和盐水流量达不到设计要求,应延长积极冻结时间。预计盐水降温曲线如图4-16所示。

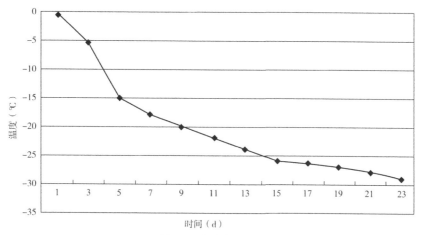

图4-16 盐水降温曲线

在积极冻结过程中,要根据泄压孔情况和不同截面实测温度数据(设计平均温度不高于-10℃)判断冻土帷幕是否交圈和达到设计厚度,对于冻结薄弱区域可打探孔核查冻结壁温度及厚度,经判断冻土帷幕交圈并达到设计厚度后,在开挖区域试挖确认冻土帷幕内土层符合开挖要求后再进行正式开挖,避免过度冻结,见图4-17。

图4-17 积极冻结期间工作面

在积极冻结过程中,根据泄压孔情况和不同截面实测温度数据(设计平均温度不低于-13℃)判断冻土帷幕是否交圈和达到设计厚度,对于冻结薄弱区域可打探孔核查冻结壁温度及厚度,经判断冻土帷幕交圈并达到设计厚度后,在开挖区域试挖确认冻土帷幕内土层符合开挖要求后再进行正式开挖,避免过度冻结。

4.3.5 停止冻结

联络通道主体结构及泵房结构施工完成后,可停止冻结,分部回收供液管,放出氯化钙盐水后,割除露出隧道管片的孔口管和冻结管。

混凝土隧道管片上割除孔口管或冻结管深度要求进入管片不得小于60mm。所有冻结孔应用压缩空气吹干管内盐水,用强度不低于M10的水泥砂浆压实充填封孔,充填长度应不小于管口以内1.5m。

4.3.6 冻结质量控制管理

冻结施工过程中需要引起重视的质量事故主要包含冻结孔倾斜过大、冻结管断裂等,其相应的预防措施如下。

1)钻孔偏斜控制措施

(1)根据施工需要,设置测量基准点和基准线。

(2)准确定出钻孔开孔孔位,误差控制在100mm以内。冻结孔最大允许偏斜150mm(冻结孔成孔轨迹与设计轨迹之间的距离)。

(3)钻机就位使用经纬仪(或全站仪)定位。首先找好钻机开孔倾角并考虑钻杆因受自重的作用使钻孔产生向下的偏移,定位时略较设计倾角上仰0.1°~0.5°,以中和钻孔垂直方向的偏斜;其次控制钻机的水平方向误差,保持钻机主动钻杆的轴线与联络通道轴线平行。

(4)在钻具组合形式上采用冻结管作为钻杆跟管钻进的方式。

(5)如果偏斜不符合设计要求,采取调整钻孔角度及钻进参数等措施进行纠偏,如果钻孔仍然超出设计规定,则进行补孔。

2)冻结管断裂预防及处理

(1)冻结管采用丝扣连接。

(2)若出现断管或冻结管渗漏现象,及时关闭该管路的盐水供应,并对漏出的盐水进行必要的处理,选择$\phi50mm\times4mm$无缝钢管,在断管中下套管,尽快恢复冻结。

4.3.7 冻结施工应急处置

冻结施工过程中需要引起重视的风险事故主要包含冻结孔施工造成的涌水、涌砂以及开挖过程中冻结失效引起的掌子面坍塌等,其相应的应急处置流程如下。

1)冻结孔施工造成孔口涌水、涌泥

(1)在隧道内联络通道的施工作业面范围内准备足量水泥及水玻璃,一旦发生险情,采用人工的方式对工作面进行封堵堆积,并以双液浆或聚氨酯来控制涌水、涌泥,根据涌泥量大小及时进行地层补偿注浆,加密监测,防止隧道及地面发生沉降。

(2)如涌水涌泥冒泥发展迅速,立即停止钻进,关闭孔口防喷装置,调整或优化冻结孔设计,必要时重新补勘。

2)工作面或冻结壁发生渗水、涌水

（1）用袋装水泥、沙包、辅助轻质砌块或能够承受隧道埋深压力的空桶,迅速充填满已开挖区域,同时做好关闭应急防护门的准备,并按程序逐级向上级报告。

（2）立即关闭安全防护门,拧紧螺栓压紧密封条,并向开挖区域内持续充气平衡内外水土压力。

（3）调整冻结参数,降低盐水温度,增大盐水流量,加强冻结效果。同时在防护门外加设安全支撑,确保隧道内安全。

（4）冻土壁险情发生速度快,有坍塌危险时,应安全有序撤离所有人员,立即关闭防护门,防护门外加设安全支撑。

3)结构交界面局部渗水

（1）立即在相应部位铺设盐水冻结管,进行加强冻结,并在冻结管外敷设保温板。

（2）调整冻结参数,加强冻结。

（3）观察变形情况,若变形速率发展快,且水量增大,考虑关闭防护门重新冻结。

4)冷冻液泄漏

（1）发现严重泄漏,立即打开通风设备以防人员窒息。

（2）冷凝气突然泄漏,首先打开蒸发器供液阀,再用扳手拧动电磁阀顶针,手动打开电磁阀,使液体氟利昂流入蒸发器,然后关闭冷凝器供液阀。再用备用的充氟管由冷凝器的上排气口连到运转的冷冻机吸气管路上,调低运转冷冻机的吸气压力,使冷凝器内的压力降至接近0MPa。然后再拆卸维修。

（3）压缩机和油分离器泄漏,要关闭压缩机进气阀和冷凝器的给气阀。关闭油分离器上的启动控制阀,拆掉控制管路,接上备用回收管到运转的冷冻机的进气管路上。调低运转冷冻机的吸气压力,使油分离器压力降到接近0MPa,然后再拆卸维修。

5)冷冻失效,隧道涌水、涌砂

（1）事故发生后,迅速组织人员关闭安全门,采用应急水泵对联络通道内进行回灌水作业。

（2）对冷冻设备进行检查维修,快速恢复冷冻。

（3）其余人员从安全通道或沿着墙壁向安全出口方向迅速疏散、撤离。遇有人员受伤,及时对伤员进行临时救治。

（4）立即通知相关单位（如管线单位等）的人员到场监护,抢险中应对周边环境进行监控,有可能造成破坏时,及时采取安全措施,并与应急救援物资供应单位联络,保证物资供应渠道畅通。

（5）立即组织技术人员迅速查明现场的实际情况（如事故发生时间、地点、部位、原因、过程、已采取的措施及可能发展趋势导致的后果等）,在确保安全的前提下运用拍照、录像等手段取得资料,为现场抢险、事故调查和分析提供相关资料。

（6）根据现场提供的各种资料,通过简短的会议决定应采取的应急措施（如临时排水、抽水、反压、封堵、注浆等)。

(7)派专人负责事故现场设立警戒线,对现场通道进行封锁,疏散围观人员,劝说无关人员不要进入事故现场,做好媒体接待,并根据实际情况,及时向周边居民发布安全告示。

4.4 联络通道开挖与构筑施工

4.4.1 开挖及支护

无论是采用注浆法,或是采用冻结法,其暗挖方式均采用以新奥法为核心的矿山法,具体工艺步骤可详见3.3节,此处不再赘述。但需要注意冻结法开挖与注浆法开挖的几点不同之处。

1)开挖面稳定性

冻结加固体整体质量一般优于注浆法加固,且未防止冻结体长时间暴露,可采取全断面开挖方式,加快开挖进度。

2)开挖步骤

冻结法联络通道开挖步骤一般为:先开挖导洞,导洞开挖完成之后进行临时支护,然后进行通道段开挖及临时支护,之后进行对侧喇叭口开挖及临时支护,完成之后再反挖安全门侧喇叭口及临时支护。待联络通道主通道二次衬砌结构施工完毕且混凝土达到设计强度后,进行泵房开挖。主体通道开挖顺序示意图如图4-18所示。

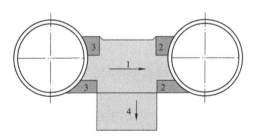

图4-18 主体通道开挖顺序示意图
1-洞身开挖;2、3-洞口三角区开挖;4-废水泵房开挖

(1)洞口段开挖。

洞口段开挖时,采用导洞形式进行开挖,根据设计图纸确定导洞开挖高度,为确保拱顶土体稳定以及对管片与开挖面交界处进行保温,先不开挖反三角区域。开挖过程中应做到及时架设钢架,开挖后及时进行挂网混凝土喷射,喷射标准与正洞段初期支护保持一致,见图4-19。

(2)正洞段开挖。

洞口段开挖完成后,进行正洞段开挖,开挖步距宜控制在0.5m,土石方开挖与初期支护交替进行,开挖时,不得超循环进尺,单侧超挖不应大于30mm。正洞段开挖断面示意图见图4-20、图4-21。

4 冻结法联络通道建造关键技术

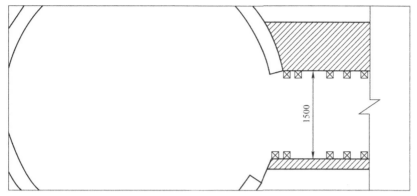

图4-19 洞口处开挖断面示意图(尺寸单位:mm)

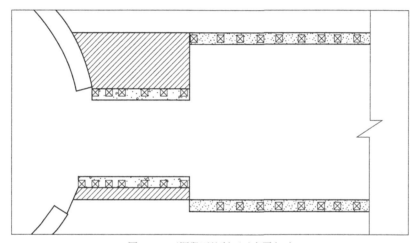

图4-20 正洞段开挖断面示意图(一)

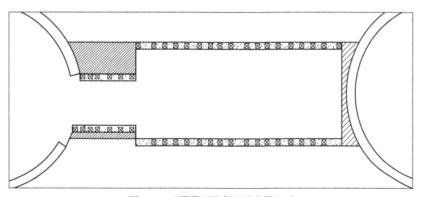

图4-21 正洞段开挖断面示意图(二)

(3)洞口段反挖。

正洞段开挖完成后,进行洞口段反挖,开挖前去除进洞设置型钢拱架,洞口段开挖尺寸与正洞开挖一致,重新布设型钢拱架,保持型钢拱架上下对称。开挖过程中,主要对管片接触面位置冷冻管进行保护,及时铺设保温材料,开挖完成后喷射混凝土初期支护。洞口段反挖示意图见图4-22。

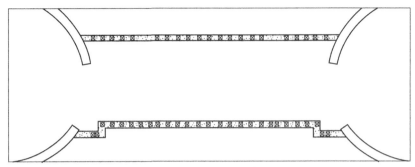

图 4-22 洞口段反挖示意图

(4)集水管开挖。

联络通道集水管同初期支护一起开挖,开挖完成后放置集水管并进行防水处理,管道内外表面涂覆不宜小于0.3mm厚的环氧防腐涂料。泵房端排水管头适当延长,后期进行切除,埋设前需对端头进行包裹做处理。集水管开挖断面图见图4-23。

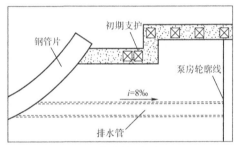

图 4-23 集水管开挖断面图

3)冻结管保护

开挖过程中,洞门反向掏土过程中,部分冷冻管将暴露在空气中,开挖过程中须由人员采用手镐人工进行开挖,技术人员现场进行尺寸、位置核定,防止开挖对管道造成破坏;管道暴露后,及时采用保温材料进行包裹处理,防止影响整体冷冻效果。

4)薄弱环节处理

安全门侧洞口段喇叭口属于整个联络通道开挖阶段的薄弱环节,可采用电阻式温度传感器,将温度探头传感器埋入喇叭口正中心薄弱环节,然后接出连接线用于电表测量。通过每天记录数值变化来判断喇叭口处的冻结体变化情况。喇叭口处温度监测见图4-24。

4.4.2 结构及防水

无论是采用注浆法,或是采用冻结法,其防水和结构设计以及具体施工工艺均类似,具体工艺步骤可参照3.3节。

但需要注意的是,无论是防水施工,还是结构施工,维护冻结仍需要持续进行,并对冻结体进行持续监测。待主体结构及泵房结构施工完成后,方可停止冻结。

图 4-24 喇叭口处温度监测

4.4.3 充填注浆和融沉注浆

1）充填注浆

充填注浆主要填充初期支护层和冻土帷幕之间的空隙，以及拱顶部的支护层与结构层之间空隙。

注浆时机宜为停止冻结后 3~7d 内。注浆时应完成冻结封孔且衬砌混凝土强度达到设计强度的 75% 以上。

施工时在预留注浆导管上安装孔口连接装置和控制阀。先试压观察畅通及连通情况，注浆时先内后外先下后上，最后顶部。充填注浆宜采用水灰比为 0.8~1 的单液水泥浆，注浆压力不大于 0.5MPa。

2）融沉注浆

停止冷冻 10~15d 后开始融沉注浆，融沉注浆应遵循"少量、多次、均匀"的原则。此后，根据变形及温度场监测确定注浆时间延缩，融沉注浆以单液浆为主、水泥水玻璃双液浆为辅。融沉注浆的结束是以地面沉降变形稳定为依据。冻结壁已全部融化，融沉注浆时间不少于 3 个月，且实测地表沉降速率连续 2 次小于 0.5mm/15d 时，可停止融沉注浆。

4.5 冻结法联络通道施工监测

4.5.1 冻结体温度场监测

冻结体温度场监测是冻结法施工的一项重要工作，是判断冻结体厚度以及冻结体是否交圈的原始数据支撑。

以仑头站—官洲站区间 2 号联络通道的冻结施工监测过程为例，通过分析监测数据来判断冻结体情况。

1）去路回路温度分析

本工程冷冻机于 2023 年 10 月 21 日开始正式运转，开机后温度迅速下降，10 月 27 日（冻结 7d）盐水温度达到 -18.3℃，到 11 月 4 日（冻结 15d）盐水温度已达到 -24.7℃，满足设计要求

(冻结7d盐水温度达到-18℃以下;冻结15d,盐水温度达到-24℃以下)。

2023年11月19日(冻结30d),盐水去路温度达到-28.1℃,盐水回路温度达到-26.7℃,温差为1.4℃。此后,盐水温度一直保持在-28.0℃以下,且去路、回路盐水温度差值保持在2℃以内。

2023年12月9日(冻结有效时间第50d),盐水去路温度达到-29.4℃,盐水回路温度达到-28.3℃,温差为1.1℃,满足设计要求(开挖前盐水温度达到-28℃以下;温差小于或等于2℃),具体如图4-25所示。

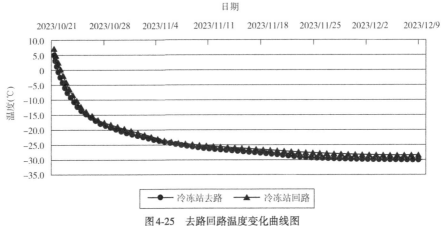

图4-25 去路回路温度变化曲线图

设计冻结时间为50d,冻结天数和盐水温度已满足设计要求。

2)测温孔温度分析

2号联络通道兼泵房测温孔共设9个,其中区间左线测温孔2个,每个测温孔内布设3个测点,区间右线测温孔7个,每个测温孔内布设3~5个测点,根据测温孔每日的监测数据绘制测温孔测点温度变化折线图,详见图4-26~图4-34、表4-7。

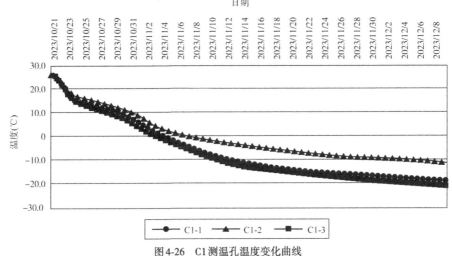

图4-26 C1测温孔温度变化曲线

注:C1-x(x=1,2,3)表示C1测温孔的测点,后同。

110

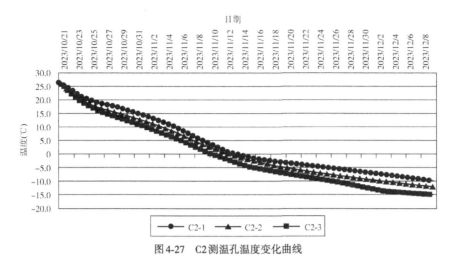

图 4-27 C2 测温孔温度变化曲线

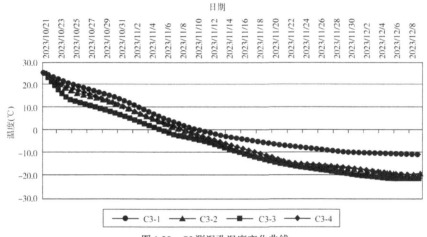

图 4-28 C3 测温孔温度变化曲线

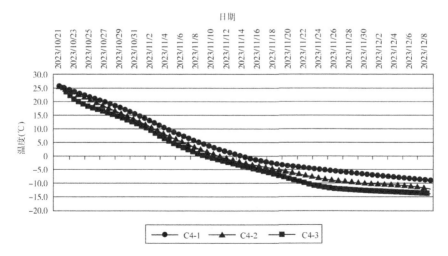

图 4-29 C4 测温孔温度变化曲线

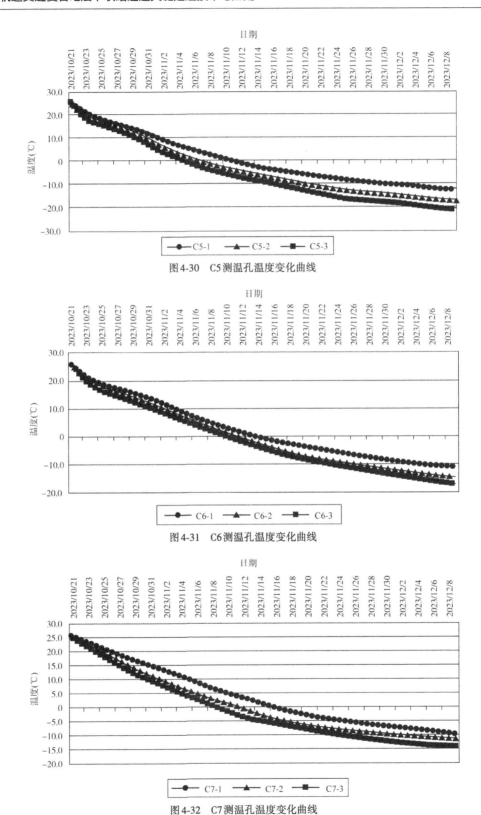

图 4-30 C5 测温孔温度变化曲线

图 4-31 C6 测温孔温度变化曲线

图 4-32 C7 测温孔温度变化曲线

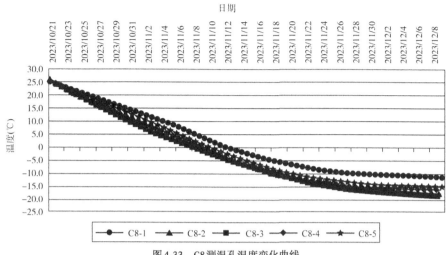

图 4-33 C8测温孔温度变化曲线

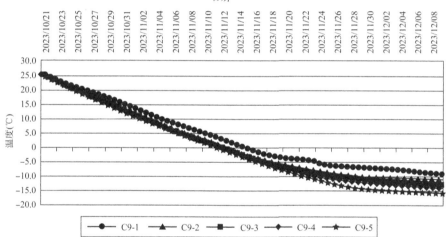

图 4-34 C9测温孔温度变化曲线

冻结发展速度一览表 表 4-7

孔号	距冻结孔最近距离(mm)	降温到-1.7℃的时间(d)	发展速度(mm/d)
C1	700	20	35.0
C2	750	27	27.8
C3	750	23	32.6
C4	700	27	25.9
C5	650	24	27.0
C6	700	26	26.9
C7	700	29	24.1
C8	700	24	29.1
C9	630	28	22.5

根据工况选取具有代表性的测温孔资料进行分析,得出每个测温孔的冻结扩展速度。取冻结扩展速度最慢的测点为保守取值,C9测温孔冻结扩展速度为22.5mm/d。

以最慢发展速度,即从10月21日到12月9日冻结50d计算冻土发展半径 $r=1125$ mm,按冻结发展半径1125mm作图,如图4-35所示,从图上可测量出:至12月9日冻结帷幕通道处最薄有效厚度2956mm,满足冻结帷幕通道处最薄有效厚度大于或等于2500mm的设计要求。

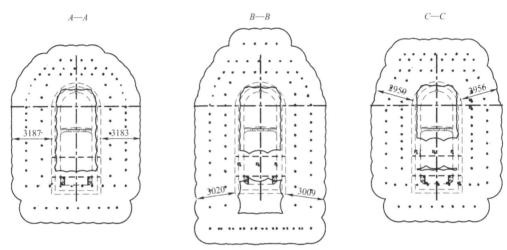

图4-35 冻结帷幕效果图(尺寸单位:mm)

4.5.2 泄压孔压力监测

泄压孔压力监测是判断冻结体是否交圈的重要依据,在冻结初期,泄压孔显示压力为地层的原始应力,随着冻土的不断发展,冻结体不断形成且逐渐封闭,交圈后冻胀压力得不到释放会逐渐增加,它的外在表现即为泄压孔压力的剧增,因此可以通过泄压孔的监测数据来分析冻结效果和冻结帷幕的交圈情况。

以仓头站—官洲站区间2号联络通道为例,共设置4个泄压孔,左右线各2个,分别编号为X1~X4。

从10月21日开始记录。初始地压分别为X1:0.23MPa、X2:0.21MPa、X3:0.15MPa、X4:0.20MPa;冻结第25d即11月14日,泄压孔压力表开始上涨为0.26MPa、0.24MPa、0.19MPa、0.22MPa,表明冻结帷幕已经形成。冻结第30d即11月19日,压力上涨到0.39MPa、0.45MPa、0.44MPa、0.40MPa,开始泄压;因涨压幅度较快,现场根据实际情况进行泄压。至11月29日即冻结第40d,泄压孔全部打开进行泄压。4个泄压孔压力变化曲线及读数如图4-36~图4-38所示。

泄压孔是联络通道冻结的特有观测方式,具有重要作用,现场一定要做好泄压孔施工。而且由于冻结施工具有不可逆性,需要在开冻前做好泄压孔初始应力记录,并在冻结站运转期间,每天进行1次观测,所有观测均需要原始记录,并由观测者签字确认。

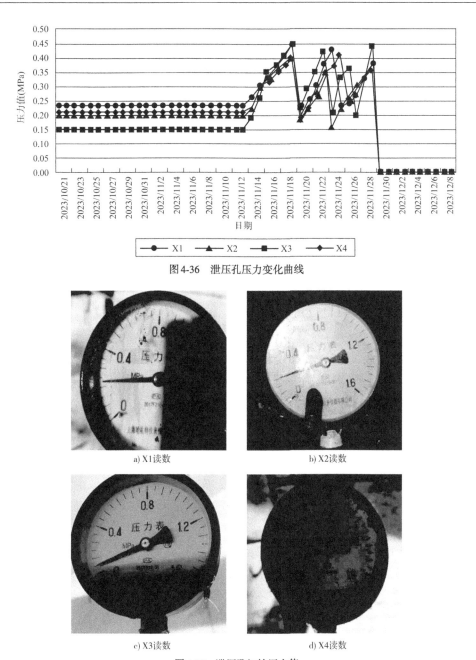

图 4-36 泄压孔压力变化曲线

图 4-37 泄压孔初始压力值

4.5.3 结构监测

联络通道开挖后的拱顶下沉、洞周收敛、底板隆起、邻近管片收敛和位移等监测内容可参考 3.4 节执行。

图 4-38 泄压孔涨压后压力值

4.6 本章小结

(1)冻结设计是冻结法联络通道的成败关键,冻结壁厚度既要保证承载力要求,又要保证经济性和施工效率。切忌生硬照搬,需要根据联络通道所处实际地层进行理论验算,以验算结果为准。

(2)冻结孔施工中的关键环节是透孔施工,各方需引起高度重视,认真复核透孔位置并经各方签字确认,同时上下行线对应位置需将应急物资准备充分,并开展专项应急演练。

(3)冻结法联络通道施工的温度监测一直贯穿联络通道施工的始终,是作为联络通道是否具备开挖条件以及开挖过程是否安全的重要依据,由于冻结施工具有不可逆性,需要安排专人进行原始数据采集和数据分析。

(4)冻结法联络通道安全门侧喇叭口是整个开挖过程的薄弱部位,需要针对此薄弱部位进行专项监测,可在此处安装电阻式温度传感器,通过每天记录电阻值的数据变化来判断喇叭口处的冻结体变化情况。

5 盾构法联络通道建造关键技术

5.1 概述

目前联络通道大多采用注浆或冻结加固+矿山法开挖+现浇的施工工艺。由于涉及的施工工序较多,在狭小地下空间和复杂地层环境中,矿山法工艺普遍存在工期长、质量控制难、安全风险高等诸多问题,其中冻结法还存在施工造价较高的缺陷。针对常规矿山法工艺存在的缺陷,国内外学者引入顶管法和盾构法施工技术,对机械法联络通道施工技术开展研究并在一些项目上进行了实践应用,极大程度上提高了联络通道施工的安全性以及施工效率,减小了因施工对环境造成的不良影响,尤其是在极软、破碎等不良地层内施工时,其优越性得到更加充分的体现。本章依托广州地铁12号线赤沙滘站—仑头站区间机械法联络通道,详细阐述了广州地区泥质粉砂岩地层中联络通道盾构机选型,预制管片,狭小空间盾构始发、掘进、加固以及施工监测等内容。

5.2 盾构机适应性设计

5.2.1 工程概况

广州地铁12号线赤沙滘站—仑头站区间1号联络通道长35.5m,埋深13.38m,位于海珠区果园内下方,地表场地内无重要管线,距离广佛环线城际铁路平面净距约5.6m,盾构从右线隧道始发,在左线隧道内接收。赤沙滘站—仑头站区间1号联络通道平面图见图5-1。

5.2.1.1 工程地质条件

1)地质分布

盾构穿越主要地层为<7-3>强风化细砂岩、泥质粉砂岩、<8-3>中风化细砂岩、泥质粉砂岩。上覆地层自上而下依次为<1-2>素填土、<2-1A>淤泥、<2-2>淤泥质粉细砂、粉细砂,地质断面图如图5-2所示。

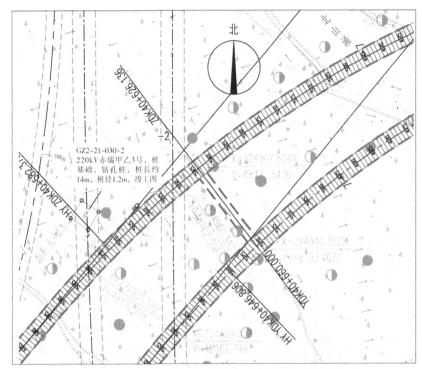

图 5-1 赤沙滘站—仑头站区间 1 号联络通道平面图(尺寸单位:m)

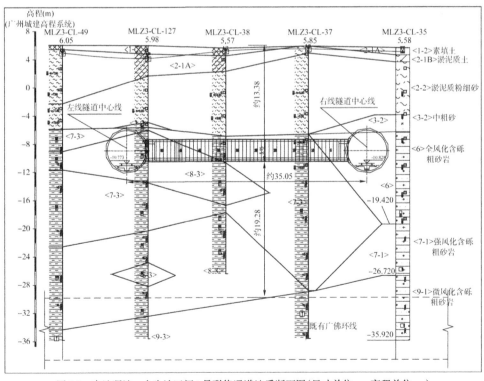

图 5-2 赤沙滘站—仑头站区间 1 号联络通道地质断面图(尺寸单位:m,高程单位:m)

2）地质评价

施工区域土层描述和地层分析见表5-1,工程地质特性见表5-2。

1号联络通道施工区域地层详述　　表5-1

层号	名称	颜色	土层描述	地层分析
1-1	杂填土	—	主要成分为黏性土、碎石等建筑垃圾及生活垃圾组成,表层含少量植物根系	松散~稍密,均匀性差,土层透水性较强、易崩塌
<2-1A>	淤泥	黑灰色、灰黑色	流塑,富含有机质及少量贝壳、腐殖物、砂粒	流塑,土层透水性弱、易变形
<2-2>	淤泥质粉细砂、粉细砂	灰黑色、灰褐色、褐灰色	以石英及长石为主,含少量云母及贝壳碎屑,级配差,夹薄层淤泥质土、具腐臭味,局部加薄层中粗砂	松散~稍密,土层透水性中等,不能自稳
<7-3>	细砂岩、泥质粉砂岩强风化	棕红色、暗红色、紫红色	砂质结构,层状构造,风化强烈,岩石结构破坏严重,节理裂隙很发育,岩石裂隙渲染铁质,岩性呈半岩半土状及碎块状,岩块较软,锤击易碎,局部风化物呈砂粒状,夹次棱状岩块。遇水易软化,锤击易碎,失水开裂	呈半岩半土状、碎块状,风化裂隙较发育、自稳性较好,但易掉块、粒径小于0.075mm黏粒含量21.8%~22.4%,易形成泥饼
<8-3>	细砂岩、泥质粉砂岩中风化	紫红色、棕红色、棕褐色	砂质结构,块状构造,泥质、钙质胶结,节理裂隙发育,矿物成分局部变化,岩芯多呈块状~短柱状,部分为长柱状,岩质较软,锤击易碎,局部夹强风化岩块	岩石实测天然单轴极限抗压强度为4.0~27.5MPa,平均值8.2MPa,标准值7.2MPa,饱和单轴抗压强度值为2.4~23.1MPa,平均值6.3MPa,标准值5.0MPa。隧道断面底部较硬,掘进需考虑岩石差异风化对盾构机姿态影响较大

1号联络通道工程地质特性　　表5-2

层号	名称	状态	工程地质特征	岩土施工工程等级	土石类别
<1>	填土	松散~稍密,均匀性差,土层透水性较强	易崩塌	Ⅰ~Ⅲ	松土
<2-1A>	淤泥	流塑,土层透水性弱	易变形	Ⅱ	普通土
<2-2>	淤泥质粉细砂	松散~稍密,土层透水性中等	不能自稳	Ⅰ	松土
<7-3>	细砂岩、泥质粉砂岩强风化	呈半岩半土状,碎块状,风化裂隙较发育	自稳性较好,但易掉块	Ⅲ	硬土
<8-3>	细砂岩、泥质粉砂岩中风化	岩质软,裂隙较发育	自稳性较好,但易掉块	Ⅳ	极软岩

3)不良地质及特殊岩土

(1)不良地质作用。

场地内地表分布填土<1>、淤泥<2-1A>、粉细砂<2-2>等,在盾构施工时过度降水、地面超载等都可能导致造成地面沉降超限或地面塌陷。

(2)特殊岩土。

本场地特殊性岩土主要有填土、软土(淤泥质土)、风化岩和残积土,对本项目施工有不良影响,但可采用有效措施降低其影响程度。

①填土。本场地内沿线均分布填土层,厚度在0.50~13.20m之间不等,主要由黏性土组成,部分由砂组成,局部混碎石、砖块、混凝土等建筑垃圾,该层总体为松散或稍密状态,对地面沉降有一定的影响。

②上覆层存在海陆交互相淤泥<2-1A>,软土力学性质很差,属中灵敏性、高压缩性土,且极易被扰动,对地基稳定性及沉降控制均有不利影响,极易因其体积的压缩而导致地面沉降。

③风化岩和残积土。<7-3>层具遇水软化、失水干裂的特点,即遇水后强度会迅速降低,同时其稳固性较差,长时间暴露失水后将产生干裂现象;而含砾砂岩的残积土、强风化岩浸水易产生崩解,在动水作用下易发生流砂,隧道盾构段处于物理力学性质不同的岩土层中,均匀性差,性质变化较大(风化岩及残积土遇水易软化、崩解),容易造成围岩失稳及地面沉降超限。

5.2.1.2 水文地质条件

1)地表水

距离联络通道最近的地表水体为北山涌,平面距离约57m。北山涌宽25~30m,水深1~2m,河底高程为3.7~4.0m,河岸堤防为泥土和混凝土砌石,北山涌主要靠大气降水补给,丰水期水量较丰富,枯水期水量较小,与地下水存在直接的补给关系。

2)地下水

(1)地下水类型。

勘察范围内的地下水按赋存方式划分为第四系松散层孔隙水和层状基岩裂隙水。

①第四系松散层孔隙水。

第四系松散层孔隙水可进一步细分承压水和潜水两类,孔隙承压水主要赋存于淤泥质粉细砂<2-2>、淤泥质中粗砂<2-3>、中粗砂<3-2>中,其含水性能与砂的形状、大小、颗粒级配及黏粒含量等有密切关系。<2-2>、<2-3>、<3-2>透水性为中~强透水层。

②层状基岩裂隙水。

层状基岩裂隙水主要赋存于细砂岩、泥质粉砂岩、粗砂岩、含砾粗砂岩中风化层<7-1>、<7-3>和<8-1>、<8-3>中,地下水的赋存不均一。在裂隙发育地段,水量较丰富,且具有承压性。根据抽水试验观测,基岩承压水稳定水位高程为1.02~2.61m,渗透系数为0.23m/d。基岩风化裂隙水为承压水,多个含水层之间存在一定的水力联系,见表5-3。

5 盾构法联络通道建造关键技术

基岩及砂层承压水水位观测一览表 表5-3

承压水水位(m)		备注
埋深(m)	高程(m)	
1.02~2.61	5.07~5.88	基岩水
1.02~2.40	5.07~6.09	砂层水

(2)地下水位。

本场地地下水水位总体埋藏相对较浅,局部较深,根据本次勘查,初见水位埋深为1.6~3.7m。

地下水位的变化与地下水的赋存、补给及排泄关系密切,每年4—9月为雨季,大气降雨充沛,水位会明显上升,而在冬季因降水减少,地下水位随之下降,水位年变化幅度为1.5~2.5m。

(3)地下水的补给与排泄。

施工场区地处中国东南沿海亚热带季风性气候区,降雨量大于蒸发量,其中大气降雨是本区地下水的主要补给来源之一,每年4—9月是地下水的补给期,10月—次年3月为地下水消耗期和排泄期。场地地下水的主要补给来源为大气降水及地表水补给,地下水位受季节的影响明显,其中地表水北山涌通过河道方式与珠江相连,地下水与湖水存在直接的补给关系。排泄主要表现为大气蒸发、干旱季节向河流补给、人工开采和通过植物排泄,地下水位受季节的影响明显。层状基岩裂隙水发育于强风化~中等风化带中,主要接受构造裂隙水补给以及越层孔隙裂隙水补给。

3)水文地质分析

根据收集到的水文地质资料,结合各岩土层的特征、室内渗透试验、水文试验和地区经验,各岩土层渗透系数建议值详见表5-4。

各岩土层渗透系数建议值 表5-4

层号	抽水试验 (m/d)	土工试验 (m/d)	建议值K (m/d)	水文地质特征
<1>	—	—	2.9	以黏粒为主,含少量中粗砂及粉细砂粒,中等透水
<2-1A>	—	0.001	0.001	黏粒多,弱透水
<2-2>	1.04	0.116	5.0	以粉细砂为主,含少量黏粒,中等透水
<7-3>	0.26	0.004	0.50	半岩半土状、土夹碎块状或碎块状,具弱富水性,透水性弱
<8-3>	—	—	0.42	裂隙较发育,透水性弱

5.2.2 重难点分析

(1)始发接收施工。

盾构机采用刀盘切削管片进行始发及接收,刀盘切削以及反力架荷载作用对成型管片隧道扰动较大,存在主线隧道变形开裂的风险。地层中含有基岩裂隙水,刀盘旋转时接触密封,可能造成洞门渗漏。

(2)设备磨损。

由于本区间联络通道穿越地层为强~中风化细砂岩、泥质粉砂岩,且以强风化层为主,该层砂粒含量占约35%,易对盾构机造成一定的磨损,因此,如何减轻刀盘、刀具和螺旋机的磨损是需要解决的重点。

(3)螺旋机喷涌控制。

由于区间线路围岩为全~强风化岩,遇水膨胀,局部存在中粗砂夹层,地下水位下的砂层易涌水、坍落,因此,如何防止砂层中的承压水突涌是本工程的重点。

(4)刀盘防结泥饼。

联络通道施工范围主要穿越强~中风化细砂岩、泥质粉砂岩,根据详勘资料,强风化细砂岩、泥质粉砂岩,粉粒、黏粒占比约65%,该地层颗粒组成以粉粒、黏粒为主,属于高黏性地层,容易出现结泥饼现象。当产生泥饼后,掘进速度急剧下降,刀盘转矩也会上升,大大降低开挖效率,甚至无法掘进。刀盘结泥饼后刀盘刀具温度升高,耐磨性能下降,将加剧设备磨损。

(5)管片成型质量控制。

根据地质详勘结果,强、中风化层自稳性较好,且裂隙较发育,地层中蕴藏基岩裂隙水。较好的自稳性使得盾构开挖后地层收敛较慢,如不能及时填充开挖间隙,汇聚的地下水、掘进残留水以及未凝固的浆液作用在管片上产生上浮力,容易造成脱出盾尾管片上浮,不仅会造成外观上的问题,同时也带来了渗漏水、破损、错台等质量问题,还会为后期的运营及联络通道的耐久性带来很大影响。

5.2.3 盾构机适应性设计

1)地层磨蚀适应性设计

设备磨损主要通过耐磨设计以及地层渣土改良减磨消除,主要适应性设计及措施包括以下几个方面。

(1)耐磨设计。

①刀盘耐磨设计。

在刀盘外圈梁焊接耐磨复合钢板,保护刀盘本体。刀盘大圆环设有耐磨复合钢板和8把保护刀,刀盘面板上焊有耐磨网格,可有效防止岩层等破坏刀盘,提高了刀盘的耐磨性。刀盘刀具配备有不同安装高度的中心鱼尾刀、双刃滚刀、单刃滚刀、边刮刀、切刀、焊接撕裂刀、保径刀和大圆环保护刀,分阶段接触破岩,避免刀盘与大块的管片或岩体接触造成结构磨损,其中中心鱼尾刀安装高度为270mm,滚刀安装高度为120mm,撕裂刀安装高度为115mm,切刀安装高度为70mm,边刮刀安装高度为70mm。滚刀破岩,切刀及刮刀刮除破碎岩石并收集进土仓,高度差的设计可为有效破岩、岩土切削提供良好的保证,同时可以有效地保护好刀盘母体,提高掘进效率。

②刀具耐磨设计。

切刀及边刮刀均由刀体和硬质合金焊接而成,刀体表面堆焊耐磨层,滚刀刀圈堆焊耐磨层。

③螺旋机耐磨设计。

通过在螺旋机轴体及内壁设置耐磨网格增强螺旋输送机的耐磨性。

(2)地层渣土改良减磨。

设备配置有完善的渣土改良系统,可在保证渣土改良效果的前提下,适当加大泡沫以及水的注入量,以充分润滑刀盘、刀具及螺旋机,减轻刀盘、刀具、螺旋机的磨损。

2)防结泥饼设计

泥饼风险主要通过渣土改良来解决,除有针对性地选择改良剂外,改良剂注入孔布置和改良剂配比调剂质量等至关重要。盾构机需具备以下功能:

(1)刀盘和回转体具有足够数量的泡沫注入孔,泡沫注入孔在刀盘的分布应能够均匀地改良土体;具有合适的刀盘开口率,能使泥渣在刀盘中心能顺畅通过,减小了形成泥饼的机会,有利于减小掘进时的推力。

(2)加强中心部位土体改良,防止中心结饼。

(3)泡沫孔采用单管单泵,并具有单独控制的能力,防止出口堵塞;泡沫发生器、流量传感器等应功能先进,可调性良好。

(4)土仓内应有被动搅拌棒,刀盘背面设置4根主动搅拌棒,土仓内应有加水、加泡冲洗通道。

为预防刀盘结泥饼,对盾构机进行以下相关设计:

(1)中心开口及改良剂喷口。

刀盘开口率约38%,中心刀筒处设置了喷口,刀箱附近设置2个泡沫喷口,刀盘周边设置了2个泡沫喷口,可对渣土进行充分改良,避免渣土粘糊在中心部位,从而有效降低刀盘中心结泥饼的概率。

(2)搅拌棒设计。

刀盘背面有4根主动搅拌棒,可对土仓内渣土进行搅拌,能够有效防止土仓中心产生泥饼。

当盾构机在黏粒含量较高的地层中进行施工时,或当泥土仓内形成"泥饼"时,采取以下预防和解决对策:

①控制推进速度,保证土仓内的进土能够充分改良,减小泥饼形成概率。

②掘进前、后,左右转动刀盘的同时向土仓内注入水和泡沫并空转刀盘,使"泥饼"在离心力的作用下脱落。

③确保泡沫系统的正常工作,并适当改善泡沫装置的防堵塞性能,根据地质勘查情况以及实际渣土改良情况调整泡沫流量,如渣土较干,则增大泡沫流量。通过设备桥上的观察孔观察混合后的混合效果,以棉花状效果为佳,使之能与渣土充分混合,改善渣土性状,预防

黏土结块。

④确保冷却水循环系统正常工作,以降低土仓内的温度,减小泥饼形成概率。

⑤在掘进参数出现异常时,若出现推力增大、转矩减小等情况,应及时由泡沫孔注入分散型泡沫剂。

⑥在施工过程中,应及时观察所排渣土的情况,每环渣土取样一次并保存,分析土体黏性和含砂粒比例的情况,及时添加适当的土体改良剂(泡沫选用分散型泡沫剂),进行土体改良,以减小土体黏性度和黏着力。

3)管片上浮适应性设计

受限于联络通道狭小空间布置问题,无法采用同步注浆技术,因此采用背后延迟注浆技术,材料选用 A+B 双液浆,使管片盾尾浆液迅速凝固,增强管片顶部抵抗力,抵抗管片的浮力,选用设备功能包括:

(1)注浆设备、管路畅通,注浆速率满足盾构机掘进要求,注浆设备具有各种流动性浆液配比注入的广适性。

(2)具有较好的跟踪注浆空间和平台,配备有先进的注浆系统,可以在管片脱出盾尾后及时注入速凝浆液。

(3)具有先进的自动测量系统,保证掘进姿态的准确性。

管片上浮的主要解决措施包括:

(1)及时注浆填充开挖间隙,配置早凝型浆液,并通过量-压双控保证注入饱满,防止多环管片同时受到浮力。

(2)控制施工速度与浆液凝固时间匹配,根据掘进速度计算理论注浆速度,并按照掘进速度配置相适应的砂浆材料。

(3)多次复紧螺栓,保证管片间连接稳固。

(4)主动调整盾构姿态,掘进时调整竖轴线适当低于控制轴线,及时测量成型隧道姿态并进行二次注浆稳固管片。

4)主线隧道保护适应性设计

盾构机采用直接切削管片的方式完成始发接收。为减小刀盘切削对主线隧道的扰动,降低始发接收施工风险,采取了以下适应性设计。

(1)锥形刀盘设计。

盾构机采用半套筒始发,其风险较掘进、全套筒接收更大,因此将盾构刀盘设计为锥形,并在将中心鱼尾刀设计成倒"V"形,保证始发接收时与管片接触更加均匀,可有效减小始发时对主线隧道的扰动。

(2)移动式支撑系统设计。

为进一步保护主线隧道,设计了移动式支撑系统对主线隧道进行保护,通过分布式弧形撑靴将盾构机荷载更加均匀地传递至管片,同时通过支撑监测及控制系统实时监测支撑受力变化并可主动调整应力。移动式支撑系统及控制界面分别见图5-3、图5-4。

5 盾构法联络通道建造关键技术

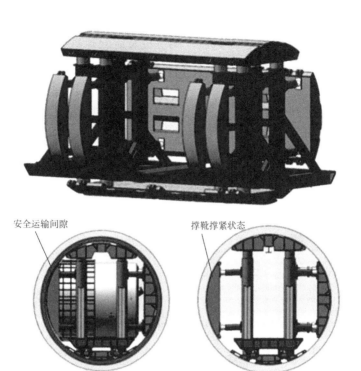

图 5-3 移动式支撑系统

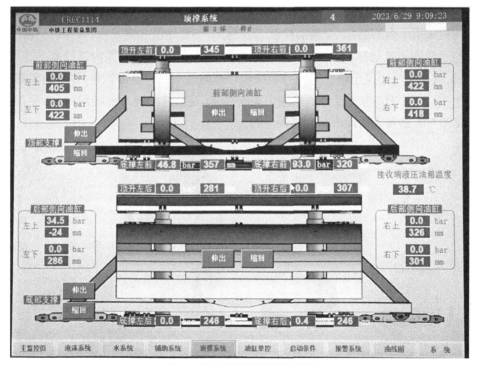

图 5-4 移动式支撑系统控制界面

5)狭小空间结构集约化设计

盾构机在主线隧道内完成始发、接收,盾构主机及后配套系统均受限于主线隧道空间,为使盾构机能够在狭小空间内顺利完成联络通道施工,对盾构机整机布置进行了适应性设计。

将开挖、出渣、支护、拼装、推进、密封以及物料转运按功能需求将相应设备布置在各台车上,根据作业内容将相应台车布置在双线隧道内。1~4号台车布置在始发端隧道中,主要满足设备供能、盾构机操作、掘进拼装、出渣密封以及物料转运等功能需求。5号台车布置在接收端,主要用于盾构机到达接收。整机布置见图5-5。

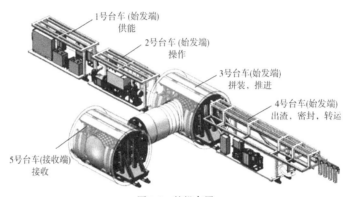

图5-5 整机布置

6)始发及接收适应性设计

盾构机采用半套筒始发、全套筒接收,为使套筒与管片结合更紧密,减小洞门渗漏风险,将套筒与主线隧道接触环设置成曲面,通过焊接实现密封,始发套筒内部设有三道尾刷,使得掘进时,盾构机与始发半钢套筒的每个接触状态都能形成两道密封腔,保证始发端的密封性及施工安全可靠性。为了更好地切削混凝土管片,配置9把滚刀破除洞门。始发及接收套筒设计见图5-6,始发套筒内密封刷见图5-7。

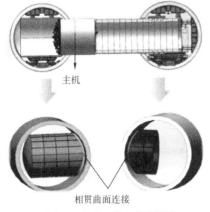

图5-6 始发及接收套筒设计

图5-7 始发套筒内密封刷

5.3 盾构机系统配置

5.3.1 刀盘刀具配置

1）刀盘结构设计

刀盘开挖直径为3290mm，开口率为38%，总重约12t，刀盘旋转中心和盾体同心。整个刀盘为焊接结构，采用锥形设计，支撑形式为中心支撑。刀盘钢结构主要由四主刀梁、四副刀梁、外圈梁和刀盘筒体等组成。刀盘通过中心筒内花键与主驱动相连，主驱动转矩经过驱动主轴传递至刀盘，可实现刀盘双向无级调速。盾构刀盘设计图见图5-8。

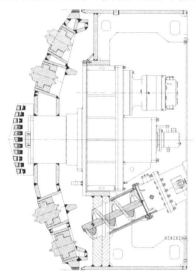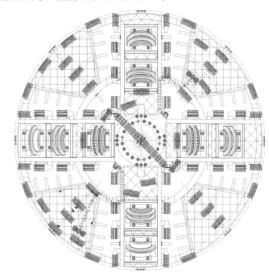

图5-8 盾构刀盘设计图

外圈梁焊有耐磨复合钢板，保护刀盘本体。刀盘大圆环设有耐磨复合钢板和8把保护刀，刀盘面板上焊有耐磨网格，均可有效防止地层中孤石和磨粒对刀盘的损伤，大大提高了刀盘的耐磨性。刀盘结构见图5-9。

图5-9 刀盘结构

刀盘采用大开口率设计,刀盘背面有主动搅拌棒,与前盾上的被动搅拌棒一起对土仓内渣土进行搅拌。刀盘设有改良渣土的泡沫喷口,可有效降低刀盘结"泥饼"的风险,有利于渣土顺畅流入土仓,避免渣土口堵塞。

2)刀具配置

由于联络通道始发端为相贯凹曲面,因此刀盘刀具的布置原则为优先切削中间后切削周边。如图5-10所示,中心采用鱼尾刀采用锥形阶梯设计,率先贴合联络通道始发端洞门中心,保证刀盘初始掘进的稳定性,中心鱼尾刀材质为钨钢KE13,合金强度高达2548MPa,硬度为HRA85。

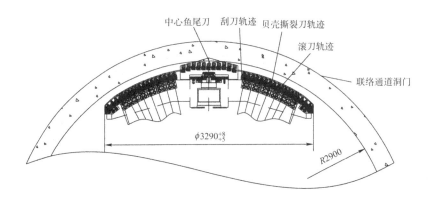

图5-10 刀具轨迹切削主隧道管片示意图(尺寸单位:mm)

配置9把滚刀用于切削管片和破岩,滚刀刀体采用Q355B钢材,屈服强度为355MPa,抗拉强度为490MPa;滚刀与中心鱼尾刀刀高差为150mm,基于刀间距的合理性和轨迹全断面布置,滚刀间距75mm,采用单双刃滚刀分布;鱼尾刀切削部分管片后,滚刀进一步对联络通道洞门管片进行破碎,从而保证切削管片的颗粒粒径满足螺机排出。

破除联络通道洞门管片后,针对该项目地层在滚刀刀刃间隙内,设有贝壳撕裂刀,贝壳撕裂刀与滚刀高差为15mm,可有效提升开挖效率;双刃滚刀单个刀刃的允许承载能力为250kN,单刃滚刀破岩能力较双刃滚刀更高,配置7把48.3cm长的双刃滚刀,2把48.3cm长的单刃滚刀,可应对风化岩层。最后设置了全断面可更换刮刀,大圆环周边设置8把保护刀及8把保径刀,为设备正常掘进提供多重保障。刀具轨迹切削主隧道管片示意图见图5-10。

刀具配置如表5-5所示。

刀盘刀具配置参数　　　　　　　　　　　表5-5

项目	内容	参数
刀盘	刀盘类型	复合刀盘
	结构形式	辐条+面板
	开挖直径	φ3290mm
	开口率	38%

续上表

项目	内容		参数
刀具	中心鱼尾刀		1把,安装高度270mm
	滚刀	双刃滚刀	48.3cm×7把,安装高度120mm
		单刃滚刀	48.3cm×2把,安装高度120mm
	贝壳撕裂刀		34把,安装高度115mm
	切刀		24把,安装高度70mm
	边刮刀(栓接式)		8把,安装高度70mm
	大圆环保护刀		8把

5.3.2 密封系统配置

(1)主驱动密封。

联络通道盾构机主驱动采用中心驱动方式,其内密封形式为三道VD密封和一道唇形密封,保证了整个驱动在运行过程中的密封性。

(2)盾尾密封刷。

盾尾密封由三排密封刷组成,钢丝刷焊接在尾盾,防止浆液渗漏进盾体内部,隧道最大水头压力0.148MPa,盾构机设计密封压力为0.5MPa,可满足要求。

在土压平衡状态时还有保持压力的作用。三排密封刷形成的两个环形空间内充满油脂,每个环形空间内设有油脂管注入油脂。盾尾刷结构如图5-11所示。

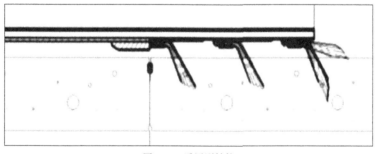

图5-11 盾尾刷结构

(3)套筒密封。

联络通道采用套筒内始发,套筒和主隧道接触面为相贯曲面,通过焊接实现密封,始发套筒内部设有三道尾刷,使得掘进时,盾构机与始发半钢套筒的每个接触状态都能形成两道密封腔,保证始发端的密封性及施工安全可靠性。

5.3.3 盾构主要参数

盾构机主要配置包括刀盘、主驱动、拼装机、盾体、推进系统等,具体机具设备性能参数见表5-6。

盾构机主要参数配置   表5-6

序号	项目	内容	参数列表	单位
1	适用项目	主要地质条件	淤泥质黏土、粉质黏土	—
		项目管片规格（外径/内径-宽度/分度）	3150/2650-550	mm
		最小曲线半径	直线	
		最大坡度	—	—
2	整机	开挖直径	φ3290	mm
		最大推进速度	20	mm/min
		最大推力	1050	t
		主机总长	4180	mm
		适用管片规格（外径/内径-宽度）	φ3150×2650-550	mm
		设计工作压力	0.5	MPa
3	刀盘	刀盘类型	复合刀盘	—
		结构形式	辐条+面板	
		刀盘规格（直径×长度）	φ3290	mm
		旋转方向	正/反	—
		开口率	38	%
4	主驱动	驱动总功率	200	kW
		额定转速	1.9	r/min
		最大转速	3.8	r/min
5	盾体	前盾规格（直径×长度）	φ3280×1375	mm
		盾体规格（直径×长度）	φ3280×1885	mm
6	管片拼装机	抓举头形式（机械/真空吸盘）	机械	—
		驱动功率	30	kW
		转速范围	0~1.5	r/min
		控制方式	无线+有线接口	
7	螺旋输送机	排渣方式	螺旋输送机	—
		规格（筒节内径×长度）	φ350×3950	mm
		最大通过粒径	φ240×130	mm
		驱动组数量	1	个
		驱动功率	55	kW
		转速范围	0~22	rpm
		旋转方向	正/反	—
8	推进系统	最大推进速度	20	mm/min
		油缸数量	15	根
		最大推力	1050	t

5.4 主线隧道占联络通道玻璃纤维筋混凝土-钢复合管片施工技术

5.4.1 主线隧道玻璃纤维筋混凝土-钢复合管片施工

机械法联络通道建造技术研究使用的钢管片均采用Q235B钢材厂内加工成型,单片钢管片由6种不同功能和规格型号钢构件焊接拼装而成。

钢管片背板利用卷板机直接加工制作,需保证表面平整,切割端平顺无毛刺。端板和环向加劲板为保证管片弧度的关键构件,使用厚35 mm钢板制造,参照图纸下料加工,需保证环向加劲板内、外弧面与设计隧道相同。其他各种类型加劲板和肋板均采用厚30 mm钢板加工。各种类型钢板下料加工时须预留1~2mm的预留加工量,考虑焊接收缩余量。

钢管片构件放置在胎架上进行组装,按照设计图纸要求位置完成相关构件焊接。钢管片初加工需保证整构件的外观尺寸,能够与预制隧道管片完整拼装,故加工完成后须检核管片外观尺寸,尤其弧度和长短面几何尺寸,允许误差不超过1 mm。待整体外形尺寸无误方可进行机床精加工,并按照图纸尺寸要求加工止水材料凹槽,吊装孔、钢筋穿插孔和螺栓孔等部件,精细加工。

玻璃纤维筋混凝土-钢复合管片使用可切削的玻璃纤维筋作主筋,以增加混凝管片的可切削性。玻璃纤维筋为混凝土构件部分的主要配筋,为保证钢混复合管片的整体完整性仅连接接合面无法抵抗钢结构和混凝土结构产生的接合面弯矩,设计玻璃纤维筋整体贯穿钢管片内部格栅腔室。

钢构件加工完成后,整体放置在相应管片模具内,穿插玻璃纤维筋,安装箍筋和拉筋等主筋布设方式参照设计图纸执行。复合管片的螺栓手孔与隧道通用螺栓手孔相同,并在钢构件加工时预留相关位置。完成管片主筋加工后,按照设计图纸安装手孔模具、吊装孔模具等结构浇筑混凝土。

主线隧道玻璃纤维筋混凝土-钢复合管片施工工艺及图示见表5-7。

主线隧道玻璃纤维筋混凝土-钢复合管片施工工艺及图示 表5-7

序号	施工工艺	图示
1	钢筋骨架制作安装	

续上表

序号	施工工艺	图示
2	玻璃纤维筋绑扎固定	
3	钢骨架安装支模	
4	混凝土浇筑	
5	拆模养护	

续上表

序号	施工工艺	图示
6	管片试拼装	
7	管节生产堆存	

5.4.2 联络通道钢筋混凝土管片施工

联络通道施工采用钢筋混凝土管片,其生产工艺与常规盾构混凝土管片生产工艺相同,管片试验如图5-12所示。

a) 强度检测

b) 保护层厚度检测

c) 拼装试验

d) 压裂试验

图5-12 管片试验

5.5 盾构法联络通道始发及加固

5.5.1 主线隧道注浆加固

常规矿山法联络通道施工前,往往需要对洞口进行加固,常用的有冻结法和注浆法,但这两种施工工艺均存在加固质量不易控制、掌子面渗漏水风险较大的问题,因此,一般设计加固的工程量较大,耗用工期、材料也较多。机械法联络通道采用套筒始发、接收,施工期掌子面均处于封闭状态,可通过套筒平衡地层水土压力,在相同地层条件下,对掌子面加固的要求没有矿山法高。

机械法联络通道通过油缸顶推盾构前进,对于始发端而言,盾构推力通过始发台车作用于主线隧道上;对接收端而言,盾构推力则通过刀盘面板传递至掌子面压力,进而作用于接收端主线隧道上。这就对主线隧道保护提出了新的要求。除了采用管片支撑系统分散荷载、控制推进油缸最大推力外,主线隧道管片注浆也是重要的保护措施。

因此,在联络通道施工前,应适当地进行二次注浆,来对正线隧道管片进行加固,其目的在于控制正线隧道管片在推进反力作用下的位移量,弥补同步注浆凝固收缩导致在地层中的扩散出现局部填充不均匀、不密实等缺陷,并且提高联络通道位置管片衬砌背后同步注浆层的防水性及密实度。

1) 加固范围

对联络通道中线左右各5环范围内进行全环注浆加固,除封顶块外,各分块均开孔注浆,其中腰部孔位进行加强注浆,加固范围如图5-13所示。

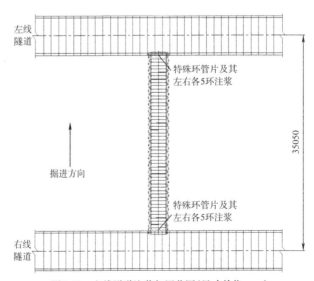

图5-13 主线隧道注浆加固范围(尺寸单位:mm)

2)注浆材料

采用42.5号复合硅酸盐水泥、自来水及水玻璃配置双液浆,浆液基本配比按照A液:B液=1:1设计,配比见表5-8、表5-9。

浆液配比A液　　　　　　　　　　　　　　　　　表5-8

材料	水	水泥	备注
设计配比(水灰比)	1	1	—
施工配比	750kg	15包	1m³浆液

浆液配比B液　　　　　　　　　　　　　　　　　表5-9

材料	水	水玻璃	备注
设计配比(体积比)	1	1	—
施工配比	1000L	1000L	—

3)注浆参数控制

注浆时机:始发前应在盾构台车组装就位前完成主线隧道注浆加固,联络通道施工期间根据洞门渗漏、地面及隧道变形监测情况进行控制。注浆应连续进行,力求避免中断。

注浆施工时采取少注多次的方法进行,始发、接收段近3环全环进行环箍止水注浆。注浆量每孔约0.3m³,根据注入压力、洞门探孔及地表沉降情况进行控制。浆液流量控制在10~15L/min之间,以使浆液能沿管片外壁较均匀地渗流,而不致劈裂土体,形成团状加固区,影响注浆效果。

4)注浆质量控制

(1)严格按照制定的注浆施工方案和有关注浆的规范进行施工。

(2)浆液拌制均匀,强度配置及参数设定能反映注浆后地表及隧道变形得到明显控制。

(3)注浆前必须做好充分的注浆准备,注浆一经开始应连续进行,力求避免中断。

(4)每次注浆结束后,要及时清洗浆管,避免堵塞,对于沉积凝固严重的注浆管要及时更换。

(5)注浆结束后,开孔检查是否出现渗漏水,以无渗漏水流出为合格标准。注浆准备及注浆后检查见图5-14。

5.5.2 主线隧道玻璃纤维筋混凝土-钢复合管片接缝焊接

注浆加固后,为了进一步加固主线隧道,对主线隧道玻璃纤维筋混凝土-钢复合管片始发及接收洞门处6块复合管片的钢结构接缝部位进行灌浆封堵。然后,将管片焊接连为整体,采用跳焊法减少变形,分多层焊接,单层焊接厚度为3~5mm,保证焊接质量满足要求,待焊接完毕后拆除玻璃纤维筋范围管片螺栓。焊接技术要点如下:

(1)焊接流程为:焊接—打磨—焊接—打磨,如此循环进行,每次焊接厚度不大于5mm,

打磨深度不小于1mm。

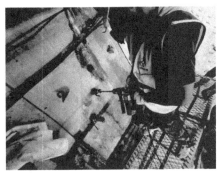

图5-14 注浆准备及注浆后检查

(2)焊前检查坡口,组装间缝是否符合要求,定位焊是否牢固,焊缝周围不得有油污、锈物。

(3)背面清根采用角磨机打磨,深度为3mm。

(4)对钢管片接缝处进行焊缝制备及清理,采用碳弧气刨与角磨机打磨。

(5)焊接速度:要求等速焊接,保证焊缝厚度、宽度均匀一致,从面罩内看熔池中铁水与熔渣保持等距离(2~3mm)为宜。主线隧道玻璃纤维筋混凝土-钢复合管片焊接与打磨见图5-15。

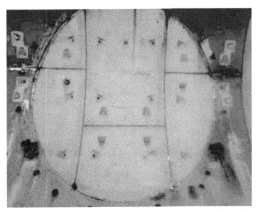

图5-15 主线隧道玻璃纤维筋混凝土-钢复合管片焊接与打磨

5.5.3 设备运输及组装

1)运输准备

待主线隧道内注浆加固完成后,对隧道内进行清理检查。拆除隧道内走道板、风管、电箱以及限速告示牌等干涉台车移动的装置,再对运输线路轨道进行检查,加固轨道连接。

2)设备组装

由于主线隧道内作业空间狭小,因此在盾构机后配套设备到场后,首先在地面将各部件整体安装至相应的台车上,再通过260t履带起重机吊装至井下,检查加固完毕后,再将各台车推移至待测量人员定位标识的位置。各台车整体下井推移至隧道内的运输顺序如表5-10所示。

各台车整体下井推移至隧道内的运输顺序　　　　　表5-10

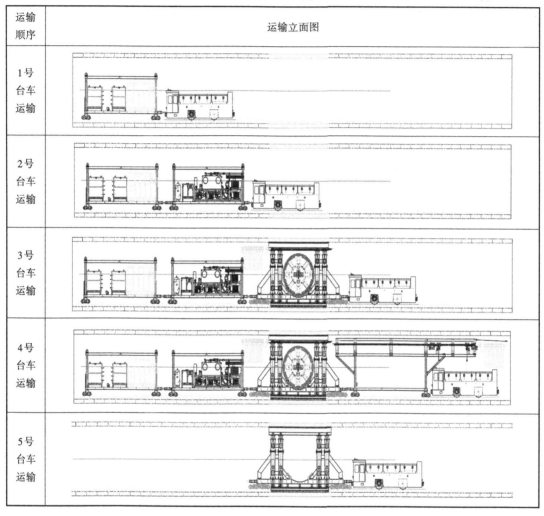

运输顺序	运输立面图
1号台车运输	
2号台车运输	
3号台车运输	
4号台车运输	
5号台车运输	

对于始发台车，需要首先在地面上焊接始发导轨，再将盾构机主机与钢套筒组装好，接着通过卡玛钢板等将盾尾与钢套筒焊接牢固，待3号台车吊装至井下后，整体吊装至3号台车固定平台上，在井下将钢套筒与台车固定后推移至联络通道洞口，调整始发架油缸将钢套筒钢环与复合钢管片对齐，在台车底部焊接20号工字钢加强支撑，并在套筒底部焊接水平工字钢支撑防止刀盘扣头破坏套筒焊接，待定位好后将钢套筒与管片焊接成整体（图5-16）。待台车及钢套筒固定后，焊接盾体防扭转装置，补充钢丝刷上的手涂油脂后拼装传力钢环再焊接反力架。最后在套筒周围设置变形监测点，始发接收阶段安排专职量测人员负责跟踪监测套筒变形情况，发现异常及时通知现场作业人员停机处理，避免出现密封破坏现象。始发台车组装工艺流程见表5-11。

137

图 5-16 钢套筒加固

始发台车组装工艺流程　　　　　　　　表 5-11

工艺流程	附图 1	附图 2
工艺流程一:设备下车		
工艺流程二:地面组装		

138

续上表

工艺流程	附图1	附图2
工艺流程三:井下组装及加固		
工艺流程四:电动车推移		
工艺流程五:套筒固定		

续上表

工艺流程	附图1	附图2
工艺流程六:盾体加固	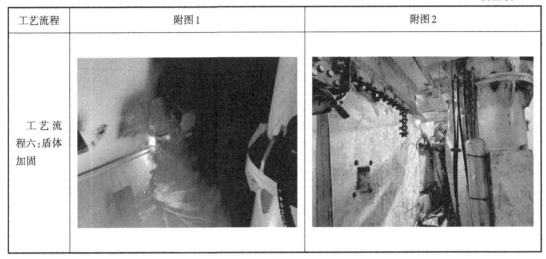	

5.5.4 始发密封及检查

在钢套筒组装完成后,开始填充钢套筒,填注材料为膨润土浆液,通过挤压泵泵送至钢套筒内,进料口在钢套筒第二块正上方的下料口位置。始发钢套筒加料口见图5-17。

图5-17 始发钢套筒加料口

钢套筒初步填仓之后,打开钢套筒上预留的2个卸压口,顶部泄压口接入注浆管,采用高速自动压浆台车进行加泥加压,加压注浆压力0.35MPa,浆液为膨润土泥浆,注入前密切关注仓内压力,观察仓套筒内压力不小于0.25MPa,保持30min未出现渗漏,压力损失不大于0.05MPa,接收套筒密封试验完成;若出现渗漏,立即组织封堵,再持续进行保压试验,直到压力0.25MPa满足要求为止。

5.6 盾构法联通通道掘进关键技术

5.6.1 施工组织部署

施工项目主要管理及作业人员配置见表5-12。

施工项目主要管理及作业人员配置　　　　表5-12

岗位	人员配置	备注
项目经理	1	
生产负责人	1	
技术负责人	1	
后勤	1	
队长	1	
物资员	1	
测量员	1	
技术员	1	
安全员	1	
门座式起重机司机	1	白、晚两班
电动车司机	1	
司索/信号工	2	
焊工	1	
电工	1	
盾构机司机	1	
机修	1	
普工(含拼装)	5	

5.6.2 掘进参数控制

联络通道盾构掘进仓压控制与主线隧道仓压控制基本一致，隧道主要位于强、中风化细砂岩、泥质粉砂岩处，其中对主线隧道管片进行切削的为+1环与54环。仓压计算时，间隔5m取一个计算断面，计算隧道顶部静止水土压力，土仓压力实际值控制在理论计算值±0.02MPa，并根据前期试掘进段类似地层的参数总结和现场地层变化、水位变化等实际情况适当修正，进行动态管理。掘进仓压波动情况如图5-18所示。

联络通道掘进时应连续、平稳推进，严格控制掘进参数，掘进过程中根据地质区段划分、河面监测情况，进行掘进参数的设定，并动态调整。隧道主要位于强、中风化细砂岩、泥质粉砂岩，岩层中含泥量较大，主要的风险就是产生泥饼，因此应采用较高的刀盘转速，以低贯入度和低刀盘转矩进行掘进，具体掘进参数如图5-19~图5-22所示。

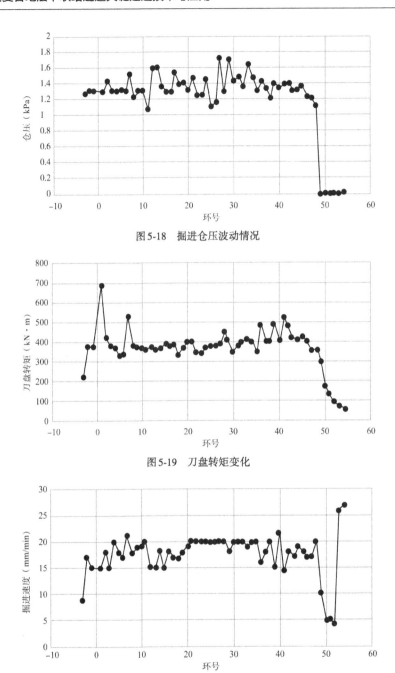

图 5-18 掘进仓压波动情况

图 5-19 刀盘转矩变化

图 5-20 推进速度变化

5.6.3 管片拼装质量控制

1）管片运输过程保护

管片下井前，由专人对管片类型、龄期、外观质量和止水条黏结情况等项目进行最后一次检查，检查合格后才可吊运下井。

管片下井后，经电动车运输至4号台车尾部，由单轨梁起重机按安装顺序放到管片输送平台上等待拼装,拼装管片时,通过单轨梁起重机吊放至联络通道内部运输小车,经运输小车运输至拼装区域等待安装。

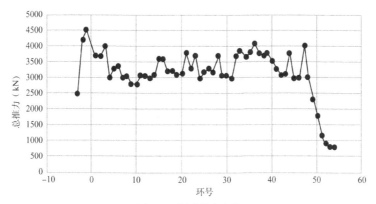

图 5-21　掘进推力变化

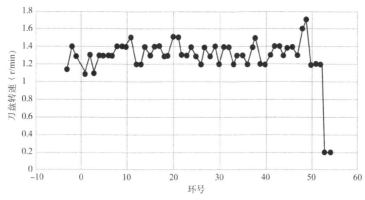

图 5-22　刀盘转速变化

由于空间受限,在运输过程中容易出现管片磕碰,尤其是 K 块及连接块,由于封顶块设计插入角度较大,因此迎千斤顶面角部较尖锐,容易受磕碰导致拼装前裂损。

为了保证运输过程管片不出现磕碰裂损,管片采用竖直吊运的方式,在吊运时控制移动速度,同时安排作业人员手扶管片,防止摆动碰撞。

转运至联络通道洞口前,在钢架上防止橡胶垫防止管片与钢架碰撞,缓慢将管片下放至移动钢架上,再通过人工配合卷扬机将管片运输至拼装位置。管片吊运见图 5-23。

2)管片拼装作业

管片经管片起重机按安装顺序放到管片输送平台上,掘进结束后,再由管片起重机送到管片拼装机工作范围内等待安装。管片拼装作业见图 5-24~图 5-26。

图 5-23　管片吊运

图 5-24 管片拼装

图 5-25 洞口管片槽钢拉结

a) 管片预埋钢板

b) 拼装后焊接

图 5-26 联络通道管片焊接

(1)管片安装必须从隧道底部开始,然后依次安装相邻块,最后安装封顶块。安装第一块管片时,用水平尺与上一环管片精确找平。

(2)封顶块安装前,对止水条进行润滑处理,安装时先径向插入450mm,调整位置后缓慢纵向顶推。

(3)管片块安装到位后,应及时伸出相应位置的推进油缸顶紧管片,其顶推力应大于稳定管片所需力,然后方可移开管片安装机。

(4)管片安装完后应及时整圆,并在管片脱离盾尾前要对始发、接收端各5环管片连接螺栓进行复紧,同时采用10号槽钢对其进行拉结紧固,避免推进油缸卸载后,管片松张。

5.6.4 延时同步双液注浆

根据5.5节要求的基本浆液水灰比进行试验,配比出一批现场实施性较强的浆液配比,如表5-13所示。通过现场试验发现,浆液水灰比越大,初凝时间越长,水玻璃体积越小,初凝时间越短。现场施工时,按照配比 A 液 1:1 配置,B 液 1:1 配置,以 A:B=1:1 进行配置浆液,在管片脱出盾尾后,立即安排开孔注浆,此时注浆孔距离盾尾约30cm,每环注左上、右上两孔,单孔注入约 $0.3m^3$。

实施性浆液配比　　　　表 5-13

| 配比 | A 液 | B 液 | A 液:B 液 | 试验凝结时间 |
	水泥浆	水玻璃		(s)
配比 1	1:1	2:1	1:2	248
配比 2	1:1	1:1	1:0.7	38
配比 3	1:1	1:1	1:1	51
配比 4	1:1	2:1	1:1	82

5.7 盾构法联络通道接收及洞门关键技术

5.7.1 接收套筒安装

1) 接收钢套筒设计

接收钢套筒长 4105mm, 内径 3500mm, 分四段, 其中前端、加长环及后端为整体环, 中间段分为上下两半圆。筒体材料用 30mm 厚的 Q235 钢板, 每段筒体的外周焊接纵、环向筋板保证筒体刚度, 筋板厚度 20mm, 高 45mm, 间隔约 300mm×350mm, 每段结合面均焊接法兰, 法兰使用 30mm 厚的 Q235 板, 采用 10.9 级 M20 螺栓连接, 中间加"O"形密封条。

2) 套筒连接

接收套筒须焊接于开洞特殊管片预留的洞门处。5 号台车运送进隧道后通过千斤顶及 20t 手拉葫芦调整接收套筒姿态, 并从套筒内部将套筒前端与特殊管片预留洞门焊接成整体。钢套筒上预留了多数注入孔, 需要使用 3 个, 其余全部用钢堵头堵住, 顶部预留一个直径较大的厚浆注入孔和一个双液浆注入孔, 下部预留一个卸压孔, 均安装对应尺寸球阀。

3) 套筒加固

套筒连接到位且支撑体系加载完成后, 需要在外圈对其进行加固, 加固采用 I20(或钢板拼接)沿套筒轴向及环向进行支撑, 支撑一端焊接于套筒外弧, 一端支撑在管片或外部支撑环内。接收套筒加固方式如图 5-27 所示。

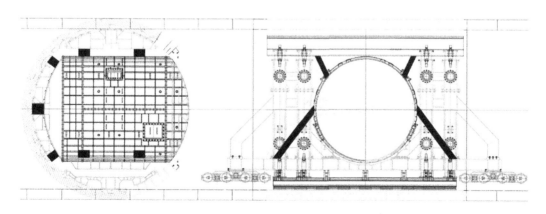

图 5-27　接收套筒加固方式

4)支撑体系加载

套筒焊接完成后,调试5号台车支撑体系,支撑体系动作及信息传递无故障后,进行分级加载,加载步骤按表5-14进行,每级加载须间隔5min。

接收台车支撑体系分级加载步骤 表5-14

加载步	上下支撑(kN)	上下支撑(MPa)	侧部支撑(kN)	侧部支撑(MPa)
1	0.0	0.0	50.0	5.26
2	100.0	1.88	50.0	5.26
3	200.0	3.77	50.0	5.26
4	300.0	5.65	50.0	5.26
5	400.0	7.54	50.0	5.26
6	500.0	9.42	50.0	5.26

5.7.2 钢套筒接缝密封

(1)为有效应对套筒接缝漏泥漏砂,采取以下措施:

①接收套筒与主隧道钢管片之间、钢套筒3道环向接缝和2道纵向接缝采用焊接,焊缝严密、牢固,并在焊接完成后,对焊缝密水性进行检测,检查焊缝质量,出现质量缺陷及时进行补焊处理;在钢管片隔板位置增加钢套筒纵向加劲板,增加钢套筒与钢管片连接强度,以满足接收时盾构纵向推力受力要求。

②盾构接收前,在已组装的钢套筒上预留注浆孔和压力表,利用预留的注浆孔,及时向钢套筒内补充注浆,浆液以膨润土浆液为主。

③当盾构机进入钢套筒时,钢套筒局部接缝出现渗漏,现场采用引流管进行引流,根据渗漏情况必要时刀盘内注入改良改良材料,进行渣土改良,封堵止水。

(2)钢套筒填仓。

①在刀盘距接收端管片500mm时,停止掘进,在钢套筒组装完成后,开始填充钢套筒,填注材料为膨润土泥浆+砂,保压注浆浆液配合比见表5-15。采用浆车泵送至钢套筒内,进料口在钢套筒第二块正上方的下料口位置。

保压注浆浆液配合比 表5-15

材料	水(kg)	膨润土(kg)
设计配比	1	1

②浆液采用浆车运输至洞内后,使用泵泵送至钢套筒顶部注浆孔,直至完全充满钢套筒。

③钢套筒初步填仓之后,打开钢套筒上预留的2个卸压口,顶部泄压口接入注浆管,采用高速自动压浆台车进行加泥加压,加压注浆压力为0.35MPa,浆液为膨润土浆液。注入前密切关注仓内压力,仓内压力应不少于0.25MPa,若保持30min未出现渗漏,压力损失不大于

0.05MPa,则接收套筒密封试验完成;若出现渗漏,立即组织封堵,在持续进行保压试验直到压力与所处地层土压一致,满足要求为止。接收套筒注浆口立面示意图见图5-28。

④完成密封试验后密切关注套筒内压力变化情况,并安排专人值守。当套筒内压力小于0.27MPa时,立即组织拌制浆液,待补充压力至0.35MPa时停止。刀盘切削管片之前,做好保压注浆的准备工作,刀盘切削过程中,密切关注接收套筒压力变化,当压力小于0.27MPa时,立即组织补浆。

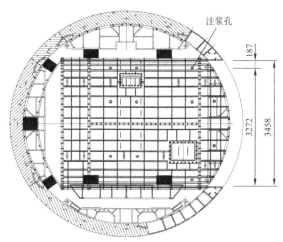

图5-28 接收套筒注浆口立面示意图(尺寸单位:mm)

5.8 盾构法联络通道掘进施工监测

5.8.1 监测点布置

1)地表沉降监测

在联络通道左右影响范围内布置地面监测点,根据隧道埋深以及隧道所处地层计算联络通道影响范围约25m,在该范围布置施工监测点。

地面监测按照一级监测布置测点,沿主线隧道及联络通道每5m设置一个监测断面,在主线隧道与联络通道交接处加密为每3m布置一个监测断面,联络通道中心处部分测点加密至2m一个,具体如图5-29、图5-30所示。

2)分层沉降监测

在盾构始发和接收端,联络通道隧道轴线上方布置两个分层沉降监测点,布置在隧道主要影响区范围内。现场受地表果树、坑洞等影响有所调整。

磁环式沉降仪由磁环、导管、测头3部分组成。其工作原理是在土体中竖直埋设竖管,在竖管上按一定间距埋设磁环,磁环与土体同步沉降,利用电磁测头测出磁环的初始位置和沉降后位置,二者相比较即可算出土层的分层沉降量,观测精度可达1~2mm。磁环式沉降仪的埋设步骤一般如下:

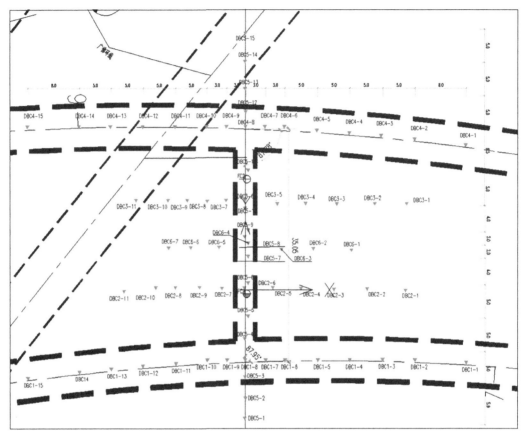

图 5-29 地面测点布置图(尺寸单位:m)

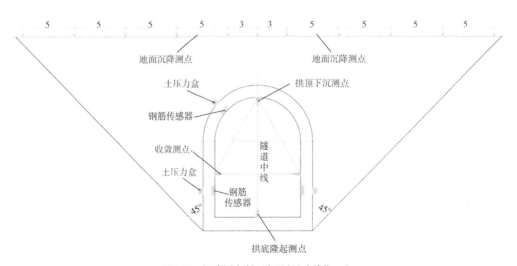

图 5-30 沉降测点断面布置(尺寸单位:m)

(1)准确定位观测孔位,钻孔至预定高程。

(2)沉降管道连接,沉降管连接处应特别注意接头处理,防止泥水进入沉降管,以保证管道外壁光滑,便于沉降环安设到预定高程。

(3)安设沉降环,沉降环的数量应根据土层的厚度来决定。当沉降环下沉至预定高程后打开叉簧片,使其牢牢地插在土壁上,保证磁环与土体同步变形。

(4)沉降环埋设好后,采用中粗砂回填,重复步骤(3),直至磁环埋完为止。

(5)沉降环埋设完成后,应立即测量1次,确认沉降环的数量、初始位置及孔口高程。

3)隧道变形监测

主线隧道内,在沉降影响范围内按照一级监测等级布置监测点,按照5m间距布置隧道内测点,其中邻近联络通道位置的始发接收范围按照3m间距进行加密布置。

邻近既有线(广佛环线城际铁路下行线)同样按照一级监测等级布置测点,按照8m间距在隧道内布置监测断面。主线隧道及邻近既有隧道内测点布置图5-31,隧道内变形监测点布置见图5-32。

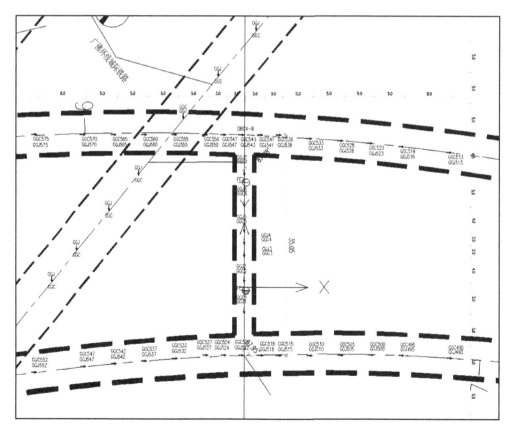

图5-31 主线隧道及邻近既有隧道内测点布置(尺寸单位:m)

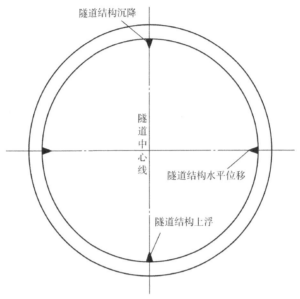

图5-32 隧道内变形监测点布置

5.8.2 监测数据分析

根据施工监测结果,始发端地表变形量为-12.00~+0.67mm,接收端地表变形量为-1.92~+2.89mm,联络通道轴线地表变形量为-14.28mm,在施工允许的-30~+10mm范围内。

其中,始发端主要表现为沉降变形,最大地表沉降为-12.00mm,部分测点(DBC1-5、DBC1-7、DBC1-10、DBC1-14)在盾构始发阶段存在轻微隆起,最大隆起量达0.67mm,这主要是因为始发阶段钢套筒填料使得仓内压力略高于地层压力,盾构破除管片后仓内与地层贯通,压力释放,使得局部地层隆起。沉降表现为前期平稳且较小,后期开始变大,盾构接收后趋于稳定。具体表现为2023年7月11日前始发端沉降变化速率和沉降量均较小,整体沉降量在-2mm以内。2023年7月11日后沉降速率开始增大,至7月22日最大沉降量达到了-10.34mm。这主要是因为上部砂层存在一定的土拱效应,因此隧道内的变形传递至地表会存在一定的滞后性,当砂层土拱效应被破坏后,上部填土存在应力始发和变形发展的空间,而填土层自稳性较差,灵敏度较高,表现为变形速率大,当变形空间被限制后沉降可以很快稳定,因此在壁后注浆稳定后变形同样趋于稳定。

接收端主要表现为隆起变形,最大隆起量为2.89mm,主要变形规律为早期缓慢沉降,后期先隆起再沉降最后区域稳定。具体表现为2023年7月11日前地表变形的变化速率和累计量均较小,整体沉降量在-2mm以内,7月11—15日表现为地表隆起,最大变形量为+2.89mm;7月15—25日逐渐回落并趋于稳定。早期变形较小,除了前面提到的沉降滞后影响,更多的是由于刚始发时盾构距离接收端较远,盾构施工影响较小;中期地表隆起则是因为主线隧道进入了刀盘的影响区,2023年7月11日后盾构掘进26环,此时掘进速度较快,前方土体出现盾构通过前的轻微隆起;后期出现回落则是因为7月15日后盾构刀盘逐渐进入接收区域,此时盾构机司机逐渐降低掘进速度和仓位以控制推力,避免推力过大对接收端主线隧道产生危害,因此会出现一定程度的超挖,地表开始逐渐回落。始发端、接收端主线隧道轴线地表沉降分别见图5-33、图5-34。

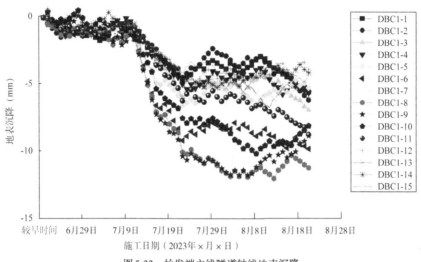

图5-33 始发端主线隧道轴线地表沉降

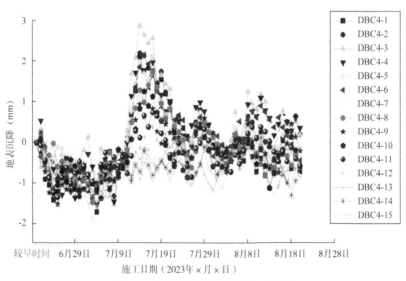

图5-34 接收端主线隧道轴线地表沉降

联络通道轴线最大地表沉降为-14.28mm,最大隆起为3.42mm。变形随时间发展规律与一般盾构掘进沉降变形规律相同,即盾构通过前产生轻微变形,盾构通过中及通过后地表产生沉降,盾尾脱出后沉降速率较大,最后趋于稳定。变形随空间的分布规律主要表现为近始发端侧大,近接收端侧小。这主要是因为始发端一侧隧道位于全~强风化细砂岩、泥质粉砂岩中,而接收端一侧隧道位于强~中风化细砂岩、泥质粉砂岩中,接收侧地质条件更好,且始发端为材料运输通道交叉口,施工振动持续作用,因此沉降会更大一些。

联络通道隧道轴线地表沉降-时间曲线见图5-35。联络通道隧道轴线地表沉降-空间曲线见图5-36。联络通道隧道地质断面图见图5-37。

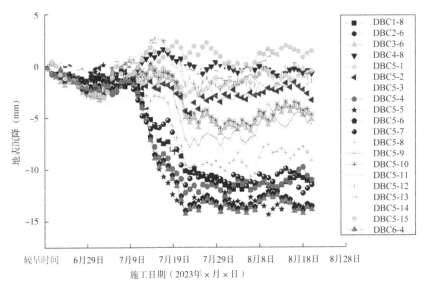

图5-35 联络通道隧道轴线地表沉降-时间曲线

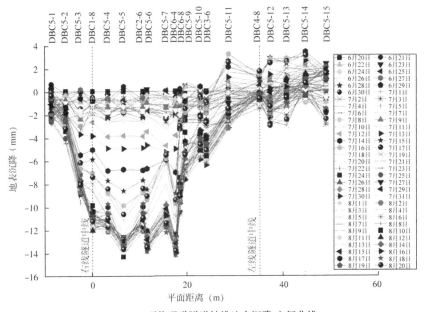

图5-36 联络通道隧道轴线地表沉降-空间曲线

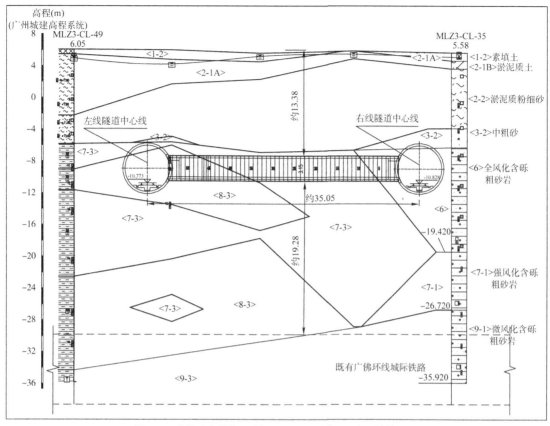

图 5-37 联络通道隧道地质断面图(尺寸单位:m;高程单位:m)

5.9 本章小结

(1)在广州地区典型的强~中风化细砂岩、泥质粉砂岩中采用盾构法施工长距离联络通道,相较于传统的矿山法联络通道施工工艺,具有更高的施工效率和安全性,施工沉降和主线隧道变形均处于允许范围内。

(2)针对长距离复合地层进行机械法联络通道设备适应性分析,分析该地层的地质特性,对设备进行适应性选型和针对性设计,主要包括穿越风化细砂岩针对性设计、主线隧道保护设计、狭小空间集约化设计以及始发接收密封系统设计。

(3)对主线隧道特殊环进行设计优化,为保证盾构直接切削管片始发接收,将传统钢管片洞门部分调整为玻璃纤维筋,通过计算验证复合钢管片受力和变形情况;针对联络通道小直径特点,设计了小直径、小环宽管片;针对施工期间主线隧道可能出现的变形开裂等风险,研究了主线隧道保护技术。

(4)结合广州地铁12号线现场施工情况,对狭小空间盾构始发掘进及接收关键工艺进行了研究,重点研究半套筒始发密封技术、狭小空间物料转运以及全钢套筒接收等。

参考文献

[1] 王福文,冯爱军.2022年我国城市轨道交通数据统计与发展分析[J].隧道建设(中英文),2023,43(3):521-528.

[2] 中华人民共和国住房和城乡建设部.地铁设计规范:GB 50157—2013[S].北京:中国建筑工业出版社,2013.

[3] 陈仁东.浅议地铁联络通道的规范条款[J].隧道建设,2005(2):7-9.

[4] 王乾.北京盾构隧道管片及联络通道标准化设计的研究[D].北京:北京交通大学,2007.

[5] 王富强.城市地铁隧道浅埋暗挖法相关问题分析研究[D].北京:北京交通大学,2010.

[6] 阴悦.大高差联络通道冻结法施工对隧道及地表影响研究[D].徐州:中国矿业大学,2018.

[7] 梅清俊.机械法联络通道施工扰动影响及注浆措施效果研究[D].宁波:宁波大学,2021.

[8] 吴聪.地铁联络横通道交叉隧道结构列车振动响应分析[D].成都:西南交通大学,2018.

[9] 孙文智,白玉山,王晓婵,等.暗挖联络通道注浆加固技术研究[J].市政技术,2021,39(5):72-75.

[10] 杨秀敏,张顶立,房倩.北京地铁车站浅埋暗挖法建造技术发展综述[J].铁道标准设计,2022,66(4):1-5,20.

[11] 郑青.超细水泥-水玻璃浆液在富水粉细砂地层暗挖隧道中的注浆止水效果研究[J].铁道建筑,2021,61(3):51-54,64.

[12] 余志勇.地铁土建工程中全断面注浆+超前小导管在联络通道施工的应用[J].中国标准化,2019(10):23-24,26.

[13] 李子国.城市矿山法隧道施工地层损失和地层沉降规律及其控制对策研究[D].成都:西南交通大学,2012.

[14] 张君.不良地质条件下盾构区间隧道联络通道施工技术[J].隧道建设,2012,32(S1):95-98.

[15] 徐赟.二重管无收缩双液注浆WSS工法在富水圆砾地层区间联络通道加固中的应用[J].现代城市轨道交通,2019(10):38-43.

[16] 张阔达.隧道穿越断层破碎带参数敏感性及超前注浆加固研究[D].北京:北京交通大学,2020.

[17] 刘丹.西安地铁洞内WSS注浆加固区间联络通道[J].隧道建设,2012,32(S1):79-84.

[18] 朱立华,贺培培.中风化粉砂岩地层地铁联络通道施工技术[J].低温建筑技术,2023,45(10):148-152.

[19] 聂彬,党亚杰.中风化泥质粉砂岩层江底联络通道施工技术[J].隧道建设,2015,35(S2):

162-166.

[20] 彭飞,郑雪梅,杨松霖,等.中风化泥岩地层联络通道快速开挖施工技术[J].云南水力发电,2023,39(9):210-212.

[21] 张潮潮,崔猛.复杂地质条件下地铁联络通道冻结工程冻土温度场变化规律[J].城市轨道交通研究,2023,26(9):150-154,159.

[22] 吴元昊,孙旻,李忻轶.冻结法在大直径越江盾构隧道施工中的应用[J].重庆建筑,2023,22(11):57-59.

[23] 郭兵.软弱地层联络通道冻结法施工变形监测分析[J].市政技术,2023,41(6):100-106.

[24] 韩晓明,何源,张飞雷.富水粉细砂层大直径盾构隧道联络通道施工关键技术研究——以孟加拉卡纳普里河底隧道为例[J].现代隧道技术,2023,60(3):227-235.

[25] 武相坤,豆红尧,张元师,等.冻结法施工技术在盾构区间联络通道施工中的应用研究[J].价值工程,2023,42(34):93-95.

[26] 郭森华,董涛.联络通道冻结法设计关键要点及数值模拟[J].广东土木与建筑,2023,30(11):9-12.

[27] 詹邦晏.城市轨道交通冻结法联络通道初步设计阶段的造价分析[J].城市轨道交通研究,2023,26(7):246-251.

[28] 李亚利.郑州地铁3号线联络通道冻结法施工温度控制的理论研究[D].北京:北京交通大学,2020.

[29] 张燕舞.岩溶地层联络通道突涌处理技术研究[J].石家庄铁路职业技术学院学报,2022,21(4):22-26.

[30] 王中士.联络通道盾构在复合地层中施工技术探讨[J].建筑机械,2023(S1):163-168.

[31] 姚燕明,黄毅,周俊宏,等.宁波轨道交通4号线盾构隧道联络通道多种工法实践研究[J].隧道建设(中英文),2021,41(6):1007-1014.

[32] 王儒,翟五洲,倪海波,等.盾构隧道机械法联络通道破洞施工中管片衬砌洞门结构力学响应的数值模拟研究[J].隧道建设(中英文),2023,43(S1):178-188.

[33] 李良生.富水复杂环境下盾构法联络通道施工技术研究[J].现代城市轨道交通,2023(11):78-84.

[34] 吴彩霞.机械法联络通道特殊管片接缝的变形规律[D].宁波:宁波大学,2020.

[35] 霍永鹏.软土地层地铁联络通道机械化施工力学行为研究[D].成都:西南交通大学,2022.